LACAN
sans peine

Données de catalogage avant publication (Canada)
Maier, Corinne

Lacan sans peine

Comprend des réf. bibliogr.

ISBN 2-7604-0887-6

1. Lacan, Jacques, 1901-1981. 2. Psychanalyse. 3. Psychopathologie. I. Titre.

BF109.L32M34 2002 150.19'5'092 C2002-941144-0

Dépôt légal: Bibliothèque nationale du Québec, 2002

Les Éditions internationales Alain Stanké remercient le Conseil des arts du Canada et la Société de développement des entreprises culturelles (SODEC) de l'aide apportée à leur programme de publication.

Nous reconnaissons l'aide financière du gouvernement du Canada par l'entremise du Programme d'aide au développement de l'industrie de l'édition (PADIÉ) pour nos activités d'édition.

Gouvernement du Québec – Programme de crédit d'impôt pour l'édition de livres – Gestion Sodec

Le Conseil des Arts du Canada depuis 1957 | The Canada Council for the Arts since 1957

Maquette de couverture: Isabelle Martimbeau
Illustration de Jacques Lacan: Marc Lalumière

Stanké international
25, rue du Louvre
75001 Paris
Tél.: 01.40.26.33.60
Téléc.: 01.40.26.33.60
www.stanke.com

Les Éditions internationales Alain Stanké
615, boul. René-Lévesque Ouest, bureau 1100
Montréal (Québec) H3B 1P5
Tél.: (514) 396-5151
Téléc.: (514) 396-0440
editions@stanke.com

IMPRIMÉ AU QUÉBEC (Canada)

Diffusion au Canada: Québec-Livres
Diffusion hors Canada: Inter Forum

Corinne Maier

LACAN
sans peine

Stanké
QUEBECOR MEDIA

À Yves.

Introduction

Jacques Lacan sans peine, mais non sans plaisir

« Lacan ? Ah oui, Lacan… Le *psy* qui faisait des calambours et qui fumait des cigares tordus… Je n'ai jamais rien compris. Drôle d'oiseau, non ? », m'a lancé un jour quelqu'un. Oui, vraiment drôle de personnage ; si je n'ai pas connu Lacan (quand il est mort, je m'étiolais sur les bancs du lycée), je me fais pourtant une certaine idée du bonhomme. Mon rapport indirect avec lui (j'ai effectué une analyse avec quelqu'un qui s'est allongé sur le divan du maître) me permet peut-être de marier admiration pour sa pensée et distance critique, qui sont bien souvent incompatibles.

Lacan, ce semeur de zizanie, a tout fait pour relancer l'épidémie qu'est la psychanalyse et pour donner figure au psychanalyste, qui a trop facilement tendance à se prendre pour un notable. Il a mis d'emblée son enseignement sous le signe du « retour à Freud », mais sa pensée a été novatrice sur bien des points. Avide de nouveaux espaces, il n'a eu de cesse de faire sortir la psychanalyse d'elle-même à l'aide de la culture. Autant dire que par ses prises de position, parce qu'il a été l'enjeu de deux scissions dans la communauté analytique en France, cet homme gêne. Il dérange peut-être surtout les psychanalystes eux-mêmes, perplexes devant son enseignement luxuriant, déstabilisés par l'onde de choc qu'il a fait subir à une profession quelque peu ronronnante. Quant aux autres, les curieux, les honnêtes hommes (mais aussi les honnêtes femmes), un peu perdus dans la complexité des concepts lacaniens, ils sont néanmoins intrigués par ce maître à penser hors norme, inclassable et touche-à-tout.

Le savoir énorme qu'il a élaboré dans la psychanalyse, sous la forme d'une pensée réputée « difficile », est malheureusement en passe d'être définitivement perdu pour le grand public. Non pas tant à cause de l'incontestable obscurité de sa pensée que de la sacralisation croissante qui entoure ses textes, et de la langue de bois qui en obscurcit les points de force. Parler de la psychanalyse avec des mots quotidiens est devenu un défi, à l'heure où ceux que le psychanalyste Serge Leclaire appelle « les enchantés de la psychanalyse » vivent dans un monde magique et s'expriment dans une langue qu'eux seuls comprennent. De même que la guerre est une chose trop sérieuse pour être laissée aux militaires, la psychanalyse n'est-elle pas trop importante pour être abandonnée aux mains des psychanalystes ?

Il est temps de réagir. Certains travaux dits « de vulgarisation » (un mot qui véhicule parfois une nuance de condescendance) ont entrepris d'ouvrir le dossier Lacan au grand public. Continuons dans cette voie. S'adressant à des lecteurs situés au-delà des frontières de l'université ou des groupes de psychanalystes, on tente ici de présenter de manière simple quelques éléments extraits de l'enseignement de Lacan, afin de donner envie à quelques-uns d'aller y voir de plus près. Il ne s'agit pas pour autant d'*expliquer* son œuvre (tâche colossale : les commentateurs s'y feront les dents pendant une ou deux générations au moins), ni de prétendre en faire le tour.

Après avoir brièvement introduit Lacan, on présente des « personnages » extraits de son œuvre, en montrant des portraits de ceux-ci sous la forme d'instantanés. Car dans Lacan, il y a des figures hautes en couleur, le fou, l'hystérique, le héros, le mystique, le saint, le parasite, le riche, qui viennent d'univers très différents, celui de la psychanalyse bien entendu, mais aussi de la culture, de l'histoire, de la vie quotidienne. Puisque c'est un inventaire à la Prévert, il y a aussi Dom Juan, Antigone, la mère… Si certains ne font qu'une brève apparition, d'autres se voient confier un rôle plus substantiel, jouant les prolongations au point d'imposer leur présence de façon durable.

Bref, ce carnaval est trop bigarré pour être sérieux, car nos « mythologies lacaniennes » ont d'abord pour objectif de divertir. Laissant le jargon au vestiaire, la langue qui porte ces vignettes se veut autant que possible claire et sans apprêts, les concepts lacaniens sont reformulés, expliqués à la lumière de la société d'aujourd'hui et de l'actualité – surtout, l'humeur est délibérément légère. Dans un style direct qui tranche avec le ton souvent compassé de la littérature analytique sont posées des questions essentielles qui touchent de près aussi bien celui ou celle qui s'allonge sur un divan que la psychanalyse elle-même. Figurent parmi les plus cruciales : Qu'est-ce qu'un analyste ? Que peut-on attendre d'une cure analytique ? Pourquoi n'y a-t-il pas de rapport sexuel ? Pourquoi sommes-nous tous des malades ? Qu'est-ce qu'être une femme ? Qu'est-ce que réaliser son désir ?

Allons-y gaiement puisque, comme le dit Lacan lui-même dans le Séminaire I, *Les Écrits techniques de Freud*, « plus nous sommes proches de la psychanalyse amusante, plus c'est la véritable psychanalyse ». Et puisqu'il est question d'écrits, précisons qu'à la fin de chaque section le lecteur trouvera des sources bibliographiques se rapportant au(x) sujet(s) traité(s), sans prétention à l'exhaustivité.

I

Jacques Lacan l'inclassable

Génie pour les uns, imposteur pour les autres, Jacques Lacan (1901-1981), c'est d'abord un style, qui est devenu une légende : un type étonnant, un peu dandy, collectionneur, amateur de costumes originaux, de belles voitures et, paraît-il, de femmes. Lacan décoiffait, et sa trajectoire est à l'image de l'homme : pas seulement psychanalyste puisqu'un peu philosophe (c'est pour cela qu'il est parfois qualifié de « penseur »), pas vraiment écrivain puisqu'il a peu et tardivement publié (les *Écrits* sont parus en 1966), pas tout à fait maître de vérité puisque son enseignement n'a cessé de bouger, de se transformer et d'évoluer.

Jacques Marie Émile Lacan vient d'une famille bourgeoise de province. Il est né en 1901 dans une famille de négociants. Aîné de quatre enfants, il est décrit comme un garçon « capricieux et tyrannique », puis comme un adolescent arrogant, « incapable d'organiser son temps et de se comporter comme les autres ». On a dit la même chose de Charles de Gaulle, autre grand homme français dans un tout autre domaine : il faut croire qu'en un même siècle les hagiographies s'écrivent parfois de la même façon.

Un père vinaigrier, une éducation traditionnelle et catholique : on pouvait craindre le pire. Celui-ci n'étant jamais sûr, le jeune Lacan se cultive. Il découvre Spinoza dès l'âge de 14 ans, fréquente, adolescent, la librairie d'Adrienne Monnier, rue de l'Odéon, où il rencontre Breton et Soupault et entend James Joyce lire *Ulysse* (sûrement une expérience inouïe). Il collabore à la revue *Minotaure* en même temps que Salvador Dali et se passionne pour Nietzsche tout en faisant sa médecine. Puis Lacan devient psychiatre, il se forme auprès de Clérambault, un médecin un peu bizarre qui raffolait des femmes voilées et passait pas mal de temps à les photographier. De plus, Lacan s'intéresse aux enjeux philosophiques de son temps, fréquente Kojève et Koyré, deux intellectuels d'origine russe qui l'introduisent à la lecture de Hegel et à la philosophie des sciences. Rien que du beau linge : en France on est riche en beaux esprits, même si bien souvent on ne sait qu'en faire ; Kojève, grand commentateur d'Hegel, passera la deuxième partie de sa vie à construire l'Europe en tant que bureaucrate de luxe (cela s'appelle fonctionnaire international).

Jacques Lacan non plus, on ne saura qu'en faire, ni où le mettre. Mais pour l'instant, son siècle l'ignore encore. Dans les années 1930, il fait une analyse d'une durée de six ans chez Rudolf Loewenstein, un analyste qui déclarera par la suite que Lacan était « inanalysable ». Qu'entendait-il par là ? Mystère. Toujours est-il que Lacan l'*inanalysable* analysera, et il devient membre de la Société psychanalytique de Paris. Il effectue son entrée sur la scène de la psychanalyse internationale lors du congrès de Marienbad, où il présente un texte resté célèbre sur le « stade du miroir ». Il semble que ce n'est pas sur le divan ou en compagnie de ses pairs qu'il a le plus appris, mais avec une de ses malades, Aimée. Cette paranoïaque fascinante, dont il admirait la rigueur, est le sujet de sa thèse de médecine, *De la psychose paranoïaque dans ses rapports avec la personnalité*. Avant toute chose, peut-être, Lacan adore les fous, et il mène une réflexion novatrice sur les psychoses. Du reste, le journal *Libération* ne s'y est pas trompé, qui titre le jour de la mort du psychanalyste, en 1981 : « Tout fou Lacan ».

Après la guerre, Lacan commence à faire parler de lui. Il promeut le « retour » à Freud (1856-1939), même si ses rapports avec le père fondateur sont ceux d'une rencontre manquée : en 1932, Lacan lui envoie sa thèse de psychiatrie sur la psychose, dont Freud accuse réception par une simple carte postale ; en 1938, une entrevue est ménagée à Paris entre le Viennois et des psychanalystes français, mais Lacan n'y est pas convié. Pourtant Lacan réussira sa rencontre avec le texte même de Freud, dont il sera un lecteur inlassable, et dont il dira avoir tenté de faire un « jardin à la française ». Faire d'une pâtisserie viennoise un croissant, avec tout ce que celui-ci peut avoir d'aérien et de structuré, telle est son ambition. Il est vrai qu'en France fait rage le structuralisme, qui fait rentrer les faits dans des catégories logiques, et Lacan est touché par le virus. Il lit l'inconscient découvert par Freud en le rapportant au langage, qui en est, selon lui, la condition. Il tente de donner des lois à l'inconscient : ces lois sont celles du langage, ce sont celles de la métaphore et de la métonymie, qui indiquent comment le sens est produit, comment il est pris dans un mouvement de fuite et de dérobade, ou comment il est fixé dans ce mouvement. Pendant que Lacan fait se rencontrer la psychanalyse et la linguistique, l'anthropologue Claude Lévi-Strauss se retrousse les manches pour marier anthropologie et linguistique ; il faut croire que le XXe siècle est fécond en mélanges.

Son enseignement original jouit d'une popularité croissante auprès des jeunes analystes. Le séminaire commence au début des années 1950, de façon artisanale puisqu'il se tient au domicile de Lacan, qui commente les textes freudiens devant une vingtaine d'analystes en formation – plus tard, bien sûr, les choses prendront de l'ampleur, et Lacan enseignera à Sainte-Anne, puis à l'École normale supérieure, deux endroits d'où il sera écarté avant de trouver refuge à la faculté de droit. À ce moment, Lacan donne un *one man show* très couru de la bonne société parisienne : même la chanteuse Dalida y pointe son nez un jour, ce qui, on en conviendra, est tout de même le monde à l'envers. Mais c'est que le docteur Lacan est un orateur d'une exceptionnelle intensité. Pourtant, malgré un succès public croissant, il ne trouve pas sa place dans les lieux brigués par l'*intelligentsia* française : pas de chaire universitaire (même s'il est à l'origine de la création d'un département de psychanalyse à la faculté de Vincennes), pas d'élection au Collège de France. C'est en *outsider* de la pensée que Lacan révolutionne la psychanalyse. Cela, du reste, ne doit pas nous surprendre : ce sont toujours des marginaux qui initient les révolutions.

Puisque « l'inconscient est structuré comme un langage », selon sa formule bien connue, il faut en tirer des conséquences en ce qui concerne la séance analytique : par un jeu sur le temps, elle doit contribuer à ouvrir et à précipiter le langage du patient. Lacan introduit donc les séances à durée variable, innovation controversée qui divise encore aujourd'hui les psychanalystes. À l'époque, c'est très mal vu au sein de la Société psychanalytique de Paris, la durée des séances étant considérée comme sacro-sainte. Lacan, refusant de faire comme les autres, se fâche avec beaucoup de gens ; après une série de ruptures, il fonde en 1964 l'École freudienne de Paris, qui se place en marge de la toute-puissante Association Internationale de Psychanalyse, dont il a été exclu. En 1981, il crée l'École de la Cause freudienne. Bref, Lacan, probablement animé par le désir d'être une victime, une pierre rejetée d'un ordre du monde qu'il conteste, est un hérétique : c'est précisément de sa position d'exception qu'il fonde des institutions psychanalytiques (et ce n'est pas faire injure au maître que de parier qu'elles dureront bien moins que l'Église catholique fondée par le Christ). Aujourd'hui, c'est le lacanisme, et lui seul, qui divise en deux pôles le champ psychanalytique français : les non-lacaniens d'un côté (appelés parfois « freudiens orthodoxes ») et les lacaniens de l'autre.

Lacan cherche, et réussit, à introduire la subversion et le désordre au sein d'un monde psychanalytique un peu trop *plan-plan* à son goût. À sa manière, Lacan a été un héros de la psychanalyse. Un héros d'un genre moins bourgeois que Freud, à cause de son style inimitable – inimitable mais beaucoup copié, et souvent fort mal. « Le style, c'est l'homme même », voilà la phrase qu'il avait reprise de l'écrivain Buffon, qui n'était pas un bouffon, mais un écrivain époustouflant. Lacan était certes un combattant, un rebelle, mais il ne faut pas forcer le trait de l'image d'Épinal. Dressons de l'homme un portrait pointilliste en s'appuyant sur des témoignages lus ici ou là : séducteur (malgré ses grandes oreilles) ; faussement nonchalant ; doté d'un esprit suprêmement rapide ; extravagant ; conquérant ; inapte à la normalité ; souverainement méprisant envers la bêtise ordinaire ; incapable de se plier à l'autorité ; intraitable et arrogant ; assoiffé de célébrité ; apolitique tendance conservateur. Donc, un homme résolument baroque, à la fois inclassable, boutefeu et tête à claques.

Si le nom de Lacan finit par s'imposer en psychanalyse, il fait son chemin aussi dans le paysage intellectuel français du XXe siècle. Car Jacques Lacan a poursuivi un dialogue avec ceux dont il était l'ami, Bataille, Sartre, Merleau-Ponty, Camus, Lévi-Strauss ou Jakobson. Jusqu'à la fin de sa vie, il reste un esprit d'une curiosité insatiable, ouvert aux domaines les plus divers de la culture. Dans ses textes, il se réfère à Aristote, Wittgenstein, Kant, Spinoza, Frege, Kantor… Il a toujours incité ses élèves à s'intéresser à l'anthropologie, à la linguistique, à la philosophie, à l'art, aux sciences exactes. C'est dire ainsi que de nombreux champs du savoir ont été contaminés par son enseignement.

L'image que l'on préfère ici du docteur Lacan n'est pas celle du maître adulé par ses courtisans, mais celle d'un vieux monsieur, déjà à l'origine d'une œuvre considérable, qui redéploie une nouvelle fois sa pensée sous une forme inédite à l'aide de la topologie. Courage, défi, que cette tentative sans précédent de vouloir matérialiser l'inconscient ? Pour cet homme, occupé à bricoler des nœuds avec des ficelles, ce qui comptait avant tout c'était de remettre les cartes sur la table, de chercher, de frayer, inlassablement, de nouvelles voies. Certains ont décrit, à la fin des années 1970, un Lacan fatigué, silencieux de longs moments, en arrêt devant les nœuds borroméens qu'il dessinait maladroitement au tableau. Il livrait un ultime assaut contre leurs énigmes malgré la mort toute proche.

Que reste-t-il de son enseignement ? Beaucoup de choses qui sont cousues ensemble : des commentaires magnifiques, et souvent drôles, de livres ou de tableaux célèbres, qui nous les rendent proches et vivants à la fois ; des éléments dits « cliniques » (censés servir aux psychanalystes) ; une prolifération de concepts, toujours mouvants, repris, retravaillés, comme pour brouiller les pistes. Son œuvre est écrite dans une langue complexe, tournicotée, un rien précieuse, imprégnée d'influences multiples, qui imite peut-être les volutes de l'inconscient. Si les *Écrits* du maître est un livre difficile d'accès pour les non-initiés, on peut croire que c'est exprès, parce que l'inconscient lui-même est ardu à déchiffrer. Il faut se donner du mal pour en aborder les rivages et surtout ne pas croire d'avance que l'on a compris. Les *Écrits* de Lacan, surnommés malicieusement par certains les « écrans de l'acquis », se veulent justement tout sauf un livre de cours qu'il faudrait potasser pour devenir savant, et avoir le droit de se croire malin ; en fait, cet ouvrage se veut un paratonnerre contre la bêtise du notable assoupi sur sa réputation, une antidote contre le-psychanalyste-qui-a-tout-compris. Il est là pour nous rappeler que comprendre est un effort, une construction toujours à recommencer.

Il n'y a pas de « Lacan mode d'emploi » possible. Son œuvre est irréductible en formules toutes faites parce qu'elle est ouverte : pour la lire, il faut peut-être y mettre non pas tant *de* soi-même que *soi-même*. Lui donner sens, c'est d'abord y apporter ce que l'on est. Car, ici comme ailleurs, n'est pas tant récompensé le travail laborieux que la sincérité de la démarche. Seuls ou accompagnés[1], entrons dans l'enseignement de Lacan, et ainsi il vivra, pour et avec chacun d'entre nous, ses lecteurs. Pour refermer cette introduction, reprenons la forme des calembours qu'il affectionnait : « Là, quand on a lu et relu Jacques Lacan, qui n'est ni laconique ni canonique et dont la pensée forme un lacis inextricable et opaque qu'on peut parcourir en tous sens en dépit des lacunes qui sont les nôtres, même si on en a sa claque et qu'on est à côté de la plaque, on s'aperçoit que ce n'est pas de la jactance ».

---

[1] La pratique des institutions analytiques est de lire Lacan en groupe de quatre personnes (cela s'appelle un « cartel »). C'est ce que Lacan lui-même recommandait – mais de quel droit un auteur déciderait-il par-delà sa mort de la manière dont il doit être lu ? Un, deux, quatre ou dix : comme en matière de sexualité, chacun n'est-il pas meilleur juge pour choisir son chiffre ?

II

Le kaléidoscope Lacan

1 – Psychanalyse now

Le psychanalyste est-il payé pour ne rien faire ?

« Vive la psychanalyse, car s'il n'y avait pas de psychanalyse, il n'y aurait pas de psychanalystes ! », pourrait s'exclamer un naïf. La psychanalyse est centenaire, et c'est Freud, tout le monde le sait, qui l'a inventée. Une invention féconde puisque, si l'on en croit les chiffres, il y a de plus en plus d'analystes, au point que l'on peut prévoir qu'un jour il y en aura davantage que de patients. Car aujourd'hui peu de gens sont enthousiastes à l'idée de passer des années sur un divan : tout le monde veut être bien portant, heureux et performant tout de suite. La logique de « rentabilité » qui imprègne le monde moderne n'épargne pas la psychanalyse, dont nul ne sait si elle survivra au Viagra et au Prozac, médicaments qui permettent, c'est bien connu, d'être en érection et joyeux sur commande.

Qu'est-ce qu'un psychanalyste ? En fait, c'est probablement au monde une des choses les plus difficiles à définir. « Une psychanalyse est la cure qu'on attend d'un psychanalyste », dit Lacan sous la forme d'une pirouette ; c'est le serpent qui mord sa queue. Les groupes de psychanalystes ont trouvé la réponse : le psychanalyste, c'est le membre de leur cénacle ; on n'est guère plus éclairé. Ce qui est sûr, c'est que toute la finalité de l'enseignement de Lacan, tel que lui-même le concevait, c'était de faire en sorte qu'il y *ait* des psychanalystes. Y en a-t-il ? En fait, il faut bien dire que la psychanalyse est quelque chose de tellement formidable que les psychanalystes sont rarement à la hauteur – mais n'est-ce pas le cas de la plupart des professions ?

On ne sait pas bien ce qu'est un analyste, mais on sait ce qu'il n'est pas : être *psy*, c'est peut-être surtout n'*être pas*… tout le reste : un philosophe, un intellectuel, un artiste… Belle qualité en creux, parfois difficile à porter ; essayez d'arriver dans une soirée et d'expliquer à la canonnade que vous êtes psychanalyste, vous verrez, cela ne fait pas très sérieux. C'est que l'on pourrait croire que l'analyste auquel Lacan destinait son enseignement ne sert à rien, puisqu'il n'est ni un éducateur, ni un conseiller. Il n'effectue pas à votre place les choix fondamentaux de la vie ; il ne vous remet pas dans le droit chemin de la prétendue réalité. Il n'est pas le préposé moderne à la solution de tous les conflits, que ce soit dans la famille, dans l'entreprise ou dans la société.

Cela n'empêche pas le psychanalyste d'assumer une mission, et une des plus hautes : pour Lacan, il est au service du désir, rien que cela. Le *psy* est en position de cause du désir – puisque l'analysant rêve et parle pour lui. Pour cela, il doit préalablement avoir été analysé lui-même. Et comme il s'est allongé sur un divan pendant bien longtemps, il connaît son propre désir et, surtout, il ne se prend pas pour quelqu'un, ni quelqu'un au sens ordinaire d'un personnage, ni quelqu'un au sens d'un tout unique. Puisqu'une analyse a le caractère d'un certain nettoyage par le vide, l'analyste, tel que Lacan le concevait, est censé être moins dupe des phénomènes imaginaires que le commun des névrosés, et se comporter de manière pacifique avec ses collègues analystes. Mais tout cela reste très théorique au regard de la façon dont les choses se passent dans la communauté analytique : rivalités, règlements de compte et exclusions y sont monnaie courante. (Parenthèse : l'héritage de Lacan ne serait-il pas un peu trop lourd pour ses héritiers ?)

Le *psy* est censé se connaître lui-même, mais que veut-il ? Il ne doit pas vouloir guérir, contrairement au médecin ; pas plus que vouloir le « bien » du patient (l'analysant), car la psychanalyse n'est ni une philosophie, ni une conception du monde. Il ne cherche pas non plus à rendre l'analysant « normal » : finalement, on vit dans une société qui délire tellement qu'être « normal » n'est rien d'autre que de délirer avec les autres. Son désir est complexe, selon Lacan, il cherche « la différence absolue », c'est-à-dire ce qu'il y a chez chacun de plus particulier, de plus personnel, de plus unique. Au-delà des oripeaux de la soi-disant « personnalité », de ce qu'il est convenu d'appeler le « caractère », chacun d'entre nous n'est que cela, se réduit à cette différence, toujours très ténue, mais qui est la bannière de l'être.

Comment l'analyste procède-t-il ? Il prête l'oreille, mais pas trop, selon le principe de l'attention flottante posé par Freud. À quoi ? Il n'écoute pas tant les mots que les signifiants (on va définir provisoirement le signifiant comme un mot dont on a décollé le sens ; pour plus d'information, voir au chapitre « Qu'est-ce qu'on fait des mots, et que font-ils de nous ? »). Lacan met en avant le caractère primordial des signifiants – ce sont eux qui nous gouvernent. Le psychanalyste interprète, c'est-à-dire qu'il dissocie ; il ne déchiffre pas le *sens* de ce que l'analysant raconte, il ne découvre aucune signification ultime, mais au contraire il ouvre le discours de celui qui parle en *tournant* et *détournant* ses mots. Le but, en fait, c'est de le faire sortir du discours tout fait où il se perd, où il ne reconnaît pas la figure de son désir.

Maxime pour clore cette vignette sur l'analyste : si la devise du communisme est « à chacun selon ses moyens », celle de la psychanalyse lacanienne pourrait bien être « à chacun selon sa différence ». Ce que vous obtenez de la vie n'est que le reflet, la conséquence, de ce que vous êtes, de la singularité de votre désir. C'est la seule forme de « justice sociale » que promeut la psychanalyse et, si elle est bizarre, elle n'en est pas moins culottée.

Sources : la première source bibliographique est évidemment toute l'œuvre de Freud, et notamment *La Technique psychanalytique* ; voir aussi chez Lacan, parmi d'autres textes : *Les Écrits, « Variantes de la cure-type » ; Autres Écrits, « Proposition du 9 octobre 1967 » ; Le Séminaire XI, Les Quatre Concepts fondamentaux de la psychanalyse ; Le Séminaire XVII, L'Envers de la psychanalyse.*

L'analysant, celui qui travaille sur le divan

Quand quelqu'un commence une analyse, il (ou elle) souffre, il ne sait plus pourquoi il se lève le matin, ni où il va dans la vie. Pourtant parfois il a « tout pour être heureux », comme le lui répète son entourage : en effet, il a « acquis une formation d'excellence » et « valorisé ses acquis sur le marché du travail », pour reprendre des formules chères au mensuel pour cadres moyens *L'Usine Nouvelle* (une lecture austère à éviter en cas de coup de *blues*). Mais à celui qui pâtit de la vie, la perspective de travailler toute son existence pour rembourser les traites d'une maison dans la banlieue Ouest de Paris (très prisée des classes moyennes) et pour payer une pension alimentaire ne suffit plus. D'ailleurs c'est pour cela que certains consultent, parce que sinon ils feraient autre chose de leur temps et de leur argent : il n'est pas inutile de rappeler qu'une analyse poussée jusqu'à son terme coûte fort cher, plusieurs centaines de kF au bas mot (oui, cela revient cher le mot !).

Donc l'analysant va s'allonger sur un divan. Là, il dit ce qui lui passe par la tête, il raconte n'importe quoi, puisque c'est la seule règle du jeu. L'analyse est une expérience d'égarement ! Par les rêves qu'il narre, par les lapsus qu'il commet, la vérité surgit : « Nos actes manqués sont des actes qui réussissent, nos paroles qui achoppent sont des paroles qui avouent », dit Lacan. À force de s'emmêler les pinceaux et de raconter des bêtises, celui qui transpire sur le divan finit par les raconter différemment. Après des années, cet analysant, qui pourrait être vous, parvient à organiser de façon cohérente son histoire, à réécrire ce qui a été, et à comprendre la logique qui le pousse dans la vie.

À ce moment, vous savez enfin ce que vous dites, vous n'êtes plus dupe des leurres dans lesquels vous étiez captif. Formulé autrement, au début d'une analyse vous parlez avec les mots des autres, et à la fin, vous parlez dans votre langue à vous. Vous arrivez à dire « je », à soutenir une parole à la première personne. Vous traversez les significations toutes faites qui vous ont constitué, et que vous aviez prises pour argent comptant (dans le jargon psychanalytique, cette opération s'appelle « traverser le fantasme »). Accessoirement, vous êtes guéri !

Qu'est-ce qu'être guéri pour Lacan ? D'abord, vous ne souffrez plus de vos inhibitions, de vos angoisses (l'angoisse, c'est être l'objet du désir d'un Autre dans lequel vous ne repérez pas bien ce que vous, vous voulez). Et puis, vous renoncez à renoncer ; quand vous avez envie de quelque chose, vous y allez, parce que vous avez retrouvé la capacité d'utiliser toutes vos possibilités. Enfin, votre symptôme (défini à la fois comme souffrance, jouissance et vérité de vous-même), qui est une forme de dissidence, vous l'apprivoisez. Vous l'assumez, vous savez y faire avec lui, parfois même vous vous en faites un drapeau (Lacan appelait cela être « identifié au symptôme »). Si à l'entrée d'une analyse vous dites à l'analyste : « J'ai un symptôme, il m'encombre, délivrez-m'en », à la fin vous claironnez : « Ce symptôme, je le suis ». Votre symptôme, puisque tout le monde en a un, n'est plus un boulet ; il est devenu une partie de vous, même et surtout si parfois il a changé de nature.

Néanmoins, ce symptôme, vous ne le gardez pas pour vous, puisque, ô paradoxe, il doit servir à la satisfaction de tous. La particularité rejoint l'universel. Prenons un exemple dans le domaine de l'art : l'artiste Christo emballe tout ce qu'il rencontre, pont, arbre, monument – et cela « emballe » le public ! Avec sa manie un peu curieuse, Christo rejoint le goût de son époque. Eh bien, il en est de même pour celui qui est analysé : ce qu'il y a en lui de plus singulier trouve un écho dans le monde où il vit. Parce que le désir, si personnel qu'il soit, n'est rien d'autre qu'un désir de l'universel, dès lors qu'il se situe dans le langage : le désir est désir de reconnaissance.

Enfin réconcilié, vous vous apercevez avec étonnement que la personne à laquelle vous aviez confié les clés de votre être (nous voulons parler de votre analyste) n'était pas différente du commun des mortels. Car le mot qui vous a libéré de vos maux, c'est vous-même qui l'avez prononcé ! Vous êtes à la fois déçu et soulagé : eh non, contrairement à ce que vous pensiez, il (ou elle) n'était pas un surhomme. Tout de même, grâce à lui, maintenant, vous savez ce qui vaut vraiment la peine dans la vie – pour vous, pas pour les autres, et le « sens de la vie » en général vous semble alors une formule creuse. Vous êtes vraiment transformé, au point que parfois vous divorcez, vous changez de métier, etc. Et vous consacrez le reste de vos jours à faire ce qui vous amuse – ou à psychanalyser les autres. Certaines mauvaises langues prétendent qu'une psychanalyse vraiment terminée mène à la première issue, alors que la seconde est, faute de mieux, laissée à ceux pour lesquels il y a encore du travail…

Êtes-vous heureux pour autant ? Allons, allons ! Le bonheur, « une idée neuve en Europe » selon le révolutionnaire Saint-Just, est une tromperie, et seuls les lecteurs des romans policiers de Mary Higgins Clark[2] y croient. Il est bien clair qu'il n'y a pas de « solution » à l'affaire de la vie, dévoyée qu'elle est par l'inéluctable de la mort et la réalité incernable du désir. Le bonheur qui vous attend à la sortie du tunnel de l'analyse, si bonheur il y a, est harassant, puisque c'est à la fin de votre analyse que vous allez vous mettre à travailler vraiment, dès lors que vous savez enfin où vous allez.

Morale : selon Lacan, si *avant* une analyse votre cas peut parfois s'arranger, après une analyse menée à son terme vous êtes définitivement incurable. Pourtant, comme l'inconscient continue à courir, la fin de l'analyse ne saurait être un achèvement, et n'est finalement qu'un nouveau commencement. C'est pourquoi certains reprennent une « deuxième tranche » d'analyse – voire une troisième… Bon appétit !

Sources : là aussi, l'œuvre de Freud s'impose. Il y a fort peu de référence directe à l'analysant dans l'enseignement de Lacan : l'analysant y apparaît en quelque sorte en creux, et il est très difficile de renvoyer à un texte plutôt qu'à un

[2] Le bonheur, dans les récits de Mary Higgins Clark, commence généralement quand le livre se termine. Ce qu'en pressent le lecteur suffit grandement à satisfaire sa curiosité : mariage, enfants et réussite sociale y sont de rigueur.

autre. On peut peut-être citer: *Les Écrits, «Fonction et champ de la parole et du langage en psychanalyse»; Le Séminaire XV, L'Acte psychanalytique*

L'Homme aux cervelles fraîches se nourrit-il des idées des autres ?

À propos d'appétit, certains mangent des choses considérées peu ragoûtantes depuis la maladie de la vache folle. Ils consomment de la cervelle, comme le montre l'histoire de «l'Homme aux cervelles fraîches»; non, il ne s'agit pas d'une histoire *gore*. Il s'agit de quelqu'un qui croit qu'il prend les idées des autres et qui se régale avec de la cervelle: mais qu'est-ce qu'il a dans la tête ? Lacan reprend un cas d'un psychiatre américain qui s'appelle Ernst Kris, et son commentaire se fixe sur une séquence bien particulière qui permet de donner des éléments pour savoir ce que signifie le mot *psychanalyser*.

L'Homme aux cervelles fraîches est un jeune scientifique qui occupe une position académique, mais qui a beaucoup de difficulté à rédiger et à publier des articles, car il a toujours l'impression qu'il a volé ses idées à quelqu'un d'autre. Il est tourmenté par l'idée d'être un plagiaire: quand il arrive enfin à écrire quelque chose, il s'aperçoit que tout figure dans un livre déjà existant. (Parenthèse: dans le milieu de l'édition en France, où se multiplient les procès pour plagiat puisque c'est toujours l'autre le pique-idées, un tel cas est bien rare.) Pour notre homme, une chose n'a de valeur que si elle appartient à autrui. Et Kris, son *psy*, s'informe, il l'interroge avec soin et il s'aperçoit que les idées de son patient sont, au contraire de ce qu'il croit, originales.

Qu'est-ce que Kris dit à son patient entêté ? Il lui dit qu'il n'est pas un plagiaire. Que répond l'homme ? Que tous les jours, en sortant de chez son analyste, il se précipite dans un restaurant pour manger son plat préféré, des cervelles fraîches. Selon Lacan, tout se passe comme s'il disait à son analyste : « Rien à frire de ce que tu me racontes, mon vieux ! » Qu'est-ce que Kris aurait dû faire ? Au lieu de rentrer dans le débat « c'est toi, c'est l'autre », Lacan suggère qu'il aurait dû se remuer les méninges pour préserver la place du désir en désignant le manque, le rien. C'est justement parce qu'il ne l'a pas fait que son patient court manger des cervelles par un *acting out*, action impulsive destinée à dire quelque chose à quelqu'un, mais qui reste incomprise de celui qui la commet.

Le docteur Lacan en tire un enseignement sur la question du désir : l'Homme aux cervelles fraîches signifie à l'analyste qu'« être un plagiaire » n'a rien à voir avec la réalité. En fait, le problème n'est pas que l'homme ne vole « rien », c'est qu'il vole « le » rien. Il s'accroche au rien, comme l'anorexique qui, quand il mange « rien », s'empiffre tout de même de quelque chose, c'est-à-dire du mot rien. Quoi de plus savoureux que l'absence ? Le désir pour Lacan est désir de désir, et dit non à la satisfaction : jouir ou désirer, il faut choisir.

Conclusion : dans le cas de l'Homme aux cervelles fraîches, c'est l'analyste l'écervelé, puisqu'il prend au premier degré ce que le patient lui raconte, alors qu'il faut l'entendre autrement. Psychanalyser, pour Lacan, c'est désigner la place du désir, qui par définition est toujours plus loin, au-delà.

Sources : Kris, *« Ego psychology and interpretation » ;* Lacan, *Les Écrits, « Réponse au commentaire de Jean Hyppolite » ; Le Séminaire I, Les Écrits techniques de Freud.*

2 – Qu'est-ce que l'amour ?

Alcibiade, l'homme de désir qui aime le savoir

Parlons d'amour, sujet qui intéresse tout le monde et qui nous touche d'autant plus qu'il ne cesse de nous décevoir. Notre mannequin-vedette pour ce rayon est Alcibiade qui, non content d'être beau et intelligent, est cynique, prêt à tout et faiseur de ravages. Sa vie a multiplié les aventures les plus romanesques. Paré de mille dons, il était appelé au Ve siècle avant notre ère à dominer la vie politique d'Athènes, mais il préféra devenir le yo-yo de cette ville : il fut exilé, condamné à mort, rappelé, chassé de nouveau. Ce provocateur joue un rôle politique ambigu ; cela ne l'empêche pas de plaire, et même de plaire beaucoup. C'est vraiment un personnage subversif par excellence (beaucoup plus que notre Philippe Sollers national, écrivain qui prétend avoir ébranlé la pensée dans les années 1960 par le simple écho d'une revue « intello » à diffusion confidentielle).

Alcibiade est l'un des personnages centraux du *Banquet* de Platon ; dans ce texte, l'un des plus ressassés de notre culture, les participants parlent d'amour, et ils ne parlent que de cela. Lacan époussette cette œuvre pour lui redonner sa fraîcheur, et il faut bien dire qu'il excelle dans cet exercice. *Le Banquet*, nous dit-il, n'est pas ce qu'un vain peuple pense ; en fait, c'est un texte qui relève d'une littérature spéciale qui, il n'y a pas si longtemps, circulait sous le manteau. Le sexe occupe beaucoup les hôtes de ce dîner mondain à thème qui réunit des gens très bien, occupés à boire comme des trous et à pousser, non pas la chansonnette, mais un petit discours. En Grèce, c'était une petite tradition sympathique entre amis. Au milieu de la soirée déboule Alcibiade, complètement ivre.

Et qu'est-ce qu'il raconte ? Selon Lacan, il raconte ses vains efforts pour séduire Socrate – Alcibiade a mis le paquet, on peut le croire. Et ce qui ne manque pas de sel, ajoute le psychanalyste, c'est que cette confession publique d'un inverti nous a été transmise au cours des siècles par des prêtres : trompés ou complices ? On ne sait ; des faits divers récents mettant le doigt sur un amour trop vif de certains ecclésiastiques vis-à-vis des jeunes âmes dont ils ont la garde pourraient faire pencher la balance vers la seconde hypothèse.

On est en plein « mélo » : Alcibiade se raconte parce qu'il souffre et, en même temps, il fait une scène à Socrate (Mireille Dumas, grande prêtresse télévisuelle des confessions publiques, aurait apprécié). Il sait l'intérêt que Socrate, depuis longtemps, porte à son *sex-appeal*, car qui peut résister au bel Alcibiade ? Mais il veut plus, il veut un signe du désir de Socrate, une preuve. Et Socrate refuse : en clair, il n'accepte pas de lui montrer son sexe. Pourquoi ? Lacan explique que ce n'est pas qu'Alcibiade ne lui plaise pas, au contraire, mais il sait que l'amour est un leurre, et que le désir d'Alcibiade vise quelque chose au-delà de lui.

L'amour, qu'est-ce que c'est ? Tous les convives, ceux que Lacan appelle non sans humour une « assemblée de tantouses », prennent la parole tour à tour pour en parler. Il s'agit de l'amour entre hommes, puisque, chez les Grecs bien nés, cela se faisait, c'était chic. La femme n'était pas oubliée pour autant, mais l'objet d'amour idéalisé, c'était l'homme, les jeunes hommes. Il est vrai qu'en ce temps-là, ajoute Lacan sous forme de clin d'œil, ils n'étaient pas abrutis par l'école publique, gratuite et obligatoire de notre bonne mère la République : les jeunes gens étaient beaux – eh oui, c'était le bon temps.

Mais il y a une chose qui n'a pas changé : dans l'amour, quelque chose ne colle pas, et c'est précisément ce qui retient l'attention du psychanalyste. L'amant (et cela quel que soit son sexe) a quelque chose qui lui manque, mais il ne sait pas ce que c'est ; et l'aimé n'est pas plus avancé : il possède quelque chose de caché qui fait son attrait, mais il ne sait pas quoi non plus. Ce quelque chose est une *agalma*, quelque chose de précieux, dissimulé dans une enveloppe : c'est l'objet du désir. Quand l'amour est réciproque, chacun des protagonistes est à la fois aimé et amant, et la dissymétrie est double. « Ce qui manque à l'un n'est pas ce qu'il y a, caché, dans l'autre », énonce Lacan. Ouille, ouille, ouille, on pourrait dire que l'amour est une affaire aussi difficile que le cube Rubik, cet objet fétiche des années 1980 : on le manipulait des heures avant de s'apercevoir qu'il était impossible au commun des joueurs de remettre les cases à leur place.

Cela ne peut pas marcher, deux personnes qui s'aiment n'ont jamais constitué les deux moitiés d'une orange destinée à reconstituer son unité. Un homme et une femme ne font pas *un*, jamais, prévient Lacan ! L'amour est par essence boiteux ; il ne faut pas le répéter trop fort, les éditions Harlequin, spécialisées dans le roman rose, pourraient se voir acculées à la faillite. N'attendons pas de la psychanalyse un remède : elle n'a pas pour but de restaurer chez celui qui s'allonge cette prétendue capacité à l'accord préétabli, ce niaiseux amour de l'autre pour lui-même, qui n'existe pas. Eh oui, elle est une entreprise de désillusionnement, pas une entreprise de rabibochage de couple, condamné dès lors à fonctionner comme il peut – plutôt mal que bien. Plus généralement, l'expérience de l'analyse vise à la ruine du bonheur, puisque après quelques années de divan on est dubitatif en ce qui concerne l'amour !

Pour finir ce chapitre difficile : croire que l'on est aimé pour soi-même, pour ce que l'on est, est une illusion, et pas seulement pour Eddy Barclay, éminence grise de la chanson française, qui à plus de 70 ans continue à s'intéresser de près aux jeunes filles et à défrayer la chronique mondaine par ses mariages successifs. Si l'on suit Napoléon, pour qui « en amour, le courage c'est la fuite », cela signifie-t-il que l'on ne devient Napoléon que pour fuir sa chacune ?

Sources : Freud, *Au-delà du principe de plaisir ;* Platon, *Le Banquet ;* Lacan, *Le Séminaire VIII, Le Transfert.*

Socrate scandale, le premier à jouer sur le transfert

On a rencontré Alcibiade le flamboyant, mais c'est Socrate le personnage central du *Banquet* de Platon. Lacan le décrit ainsi : il arrive au banquet en retard, parce qu'il s'est perdu un peu sur le chemin ; quand cela lui arrive, ce drôle d'oiseau s'arrête pile et se tient debout sur un pied dans un coin. Ce soir-là, c'est ce qui se passe, il reste planté dans le vestibule du voisin entre le porte-parapluies et le portemanteau. Mais qui c'est, ce type bizarre ? Et puis, qui c'est qui l'a invité ?

En fait, cet hurluberlu qui a l'air de sortir de nulle part s'est invité tout seul. Mais il n'est pas n'importe qui. D'abord, il a fichu la pagaille partout, au point que pour s'en débarrasser on n'a rien trouvé d'autre que de le condamner à mort ; il paraît qu'il corrompait la jeunesse. (Parenthèse : si vous voulez vous débarrasser de quelqu'un, accusez-le de pédophilie, cela marche toujours !) Pourtant, Socrate n'est pas devenu célèbre seulement en aimant les jeunes hommes ; c'est aussi lui qui a inventé la science, sous la forme d'une certaine cohérence du discours.

Continuons à suivre Lacan, qui évoque Socrate de manière extrêmement vivante. Socrate ne pensait qu'à parler, et à faire parler les autres, du juste et de l'injuste, du pair et de l'impair, du mortel et de l'immortel, du chaud et du froid… Une véritable pipelette. Et comme il croyait à l'immortalité, eh bien, il continue à parler là-haut, du moins c'est ainsi qu'il imaginait l'outre-tombe ! Évidemment, comme il ne voulait rien d'autre que parler, il ne s'intéressait pas aux autres, ses contemporains. Il n'entrait pas dans ce jeu-là, parce qu'il savait le fin mot de l'amour, qui est de ne pas savoir.

Alors, au banquet, que fait-il ? Il s'efface derrière Agathon, banal et futile jeune homme qui fait partie des convives ; c'est lui que tu désires, pas moi dit-il en substance à Alcibiade, qui le poursuit de ses assiduités. À l'image de la poste, Socrate fait suivre le courrier, suggérant : « Occupe-toi de ton désir ! » Ce faisant, Lacan explique qu'il propose à Alcibiade un chemin qui va de l'Autre (lui-même, Socrate, nimbé du savoir dont Alcibiade l'auréole), à l'autre (Agathon). Socrate est donc le premier dans l'histoire à jouer sur le transfert.

Le transfert, c'est de l'amour, et Jacques Lacan développe ce thème. Dès qu'un sujet s'adresse à un autre, il y a du transfert, et pas seulement sur le divan du *psy* : cela arrive partout et souvent ! Parler de soi à quelqu'un, de façon un peu sérieuse et prolongée, en lui supposant un savoir (cela s'appelle le « sujet supposé savoir »), c'est, automatiquement, en tomber amoureux. Le *psy* doit savoir que l'amour de transfert de celui qui est allongé sur son divan ne lui est pas destiné, mais s'adresse à quelqu'un d'autre, ou à quelque chose d'autre, au-delà de lui. Ce qu'il doit faire, c'est s'abstraire, s'escamoter de toute supposition d'être désirable par l'analysant, puisqu'il sait que le désir de celui-ci ne lui est pas destiné.

Tout cela pour dire quoi ? Que, comme le philosophe, le *psy* doit refuser d'être aimable, ou de se mettre à la place de celui qui est aimé. De même, il ne prétend pas *savoir* quelque chose, au contraire, il incarne le vide au centre du savoir. S'il n'aime pas, s'il ne sait pas, cela ne veut pas dire qu'il n'est plus là. Il est là de manière à rendre présente la question de l'énigme de ce qu'il veut, à l'instar de Socrate. C'est de ce point précis, affirme Lacan, que le psychanalyste doit tendre un miroir vide à l'analysant, afin que celui-ci apprenne à y lire les figures de son propre désir.

Attention : si le *Banquet* lu par Jacques Lacan permet de démonter le mécanisme du transfert, cela ne veut pas dire que l'analyste soit un Socrate. Il nous suffit pour être détrompés de voir la tête d'un certain nombre de professionnels de l'inconscient[3] qui interviennent à la télévision ! Cela ne veut pas dire non plus que Socrate ait été le premier analyste de l'histoire : franchement, il avait beaucoup mieux à faire.

Chute : le *psy* doit s'effacer lui-même. Tout se passe comme s'il disposait d'un gadget qui permet de retoucher la réalité à volonté comme dans le livre *Oui-Oui et la gomme magique* (né sous la plume du prolifique écrivain pour enfants Enid Blyton). Sauf que c'est lui-même qu'il gomme…

Sources : Platon, *Le Banquet ;* Lacan, *Le Séminaire VIII, Le Transfert ; Le Séminaire XII, Problèmes cruciaux pour la psychanalyse.*

***L'École des femmes* (Molière), ou la place de la femme dans l'amour et ailleurs**

Il saute aux yeux que les chagrins d'amour (des autres !) sont un peu ridicules dans leurs excès, surtout quand on les rapporte à la personne somme toute assez banale qui les cause. Pour Lacan, le comique de l'amour apparaît dans la

[3] « Professionnel de l'inconscient » est bien sûr un oxymore, formule de style qui consiste à associer deux mots qui n'ont rien à voir. On ne peut être un « professionnel de l'inconscient », puisque par définition l'inconscient nous échappe !

pièce de Molière, *L'École des femmes*. On a affaire à un barbon et à une jeunette, Agnès, qu'il se réserve pour ses vieux jours, quand elle sera parvenue à éclosion ; il la fait élever à l'abri de tout contact avec les hommes et les réalités de l'amour. Sous cloche. Aujourd'hui, cela semble un peu curieux, parce que tout le monde est éduqué de la manière, à l'école publique, qui promeut des idéaux qui semblent parfois, il faut le dire, quelque peu dépassés.

On se permet ici une petite parenthèse personnelle sur l'école : est-ce pour résister au « pour tous », rouleau compresseur de l'éducation de masse, qu'un certain nombre de psychanalystes envoient leurs enfants à la fort onéreuse, privée et élitiste École Alsacienne de Paris, qui se targue de méthodes éducatives prétendument avancées ? Ou est-ce parce que le *psy*, qui a passé des années de sa vie sur un divan, a pris l'habitude de payer beaucoup sans toujours mesurer ce qu'il reçoit en échange de son argent ?

Mais revenons à notre barbon, et au regard que Lacan porte sur lui. En se construisant un objet sur mesure, le vieux fait un calcul sur l'amour, enfin il essaie, parce que, évidemment, il échoue à s'en faire maître. On s'aperçoit très vite que le maître, c'est elle, Agnès, et elle va échapper à Arnolphe. Réduire les mystères de l'amour à du savoir, c'est rêver, mais il y a quand même des gens qui tentent le coup – évidemment ce sont toujours des hommes. Les femmes, qui tiennent à préserver le secret de leurs charmes, sont notoirement plus prudentes.

Certes, la psychanalyse détient un savoir sur l'amour, mais c'est un savoir partiel. Il porte sur deux éléments : d'abord sur la perte de jouissance, puisqu'il faut renoncer à quelque chose pour aimer, d'où le cri « poilant » (c'est le cas de le dire) d'Arnolphe dans *L'École des femmes :* « Que dois-je faire ? Faut-il que je m'arrache la moitié des cheveux ? » Ensuite, la psychanalyse donne des éléments sur les conditions de l'amour. Pour chacun, elles sont différentes, mais elles existent, car l'amour demande des affinités inconscientes entre un homme et une femme, un certain regard, une tonalité de voix, un sourire énigmatique, etc. Nous nous souvenons d'une chanson de Michel Berger titrée *Il jouait du piano debout*, où la position du corps est déterminante pour qu'une histoire d'amour commence (« Il jouait du piano debout – C'est peut-être un détail pour vous – Mais pour moi cela veut dire beaucoup… »).

Eh oui, c'est à cause de ce type de détails que vous rencontrez toujours le même genre de partenaires. À la question lancinante qui taraude les amoureux, « il m'aime, mais qu'aime-t-il en moi ? », la réponse serait : il, ou elle, aime en vous un morceau de corps, et c'est ce que révèle la métaphore biblique de la côte d'Adam. Chacun vise l'autre pour y prélever son « plus-de-jouir » à soi. Selon Lacan, l'homme et la femme ne se rencontrent pas, chacun se contente de tenter de s'emparer d'une partie du corps de l'autre. Comme nos histoires d'amour font leur lit de détails, on n'y comprend rien, et on comprend encore moins les histoires d'amour des autres, qui semblent parfois défier tout bon sens. Par exemple, qui va nous expliquer pourquoi le prince Charles a toujours préféré sa Camilla un peu défraîchie à la jeune et belle Lady Di ? Ces conditions de l'amour, si essentielles, masquent le fait qu'« il n'y a pas de rapport sexuel », phrase lacanienne indispensable si vous voulez avoir l'air déniaisé – elle est davantage expliquée plus loin.

Il n'y a donc pas de mode d'emploi de l'amour. Pourtant, il faut bien que l'un des deux partenaires s'adapte à l'autre, et c'est la femme qui fait le travail. Lacan prétend qu'elle se prête au fantasme masculin, et pour entrer dans son cadre elle fait même beaucoup de concessions, déployant une mascarade qui lui permet de correspondre au *casting* suggéré par son partenaire. C'est l'homme et son désir qui commandent le couple, et la femme fait preuve d'une grande souplesse pour se mettre en affinité avec l'inconscient de son homme – ce qui lui permet de s'accorder avec des hommes très divers. Sa complaisance est même « sans limite », affirme Lacan. Pour nous en convaincre, il suffit de lire la vie amoureuse de Brigitte Bardot (qu'elle-même raconte dans ses *Mémoires*), constellée d'hommes très différents, pour toucher du doigt toute la plasticité de la féminité.

Que peut-on penser aujourd'hui de cette théorie de Lacan ? Serait-elle démodée ? Si la femme ne peut échapper à cette universalité du fantasme masculin, la libération de la femme n'aurait-elle rien changé ? On comprendrait alors que certaines féministes extrémistes militent contre la relation sexuelle : si les hommes et les femmes ne couchaient pas ensemble, il n'y aurait plus de problème entre les sexes. Oui, sauf qu'une certaine évolution des mœurs permet tout de même aux femmes de changer régulièrement de « metteur en scène masculin », luxe que nos grands-mères pouvaient plus difficilement se permettre ! C'est ce qu'a fait Jane Birkin, chanteuse et ex-égérie de l'artiste Serge Gainsbourg, qui s'est choisi pour compagnons successifs un musicien, un chanteur-compositeur, un cinéaste et un écrivain. Si on ne peut pas changer l'ordre des choses, autant s'en servir…

Que cela plaise ou non aux femmes, qu'elles s'en servent pour vivre comme elles l'entendent ou pas, le docteur Lacan, inspiré par Lévi-Strauss (non, pas le fabricant de pantalons, l'anthropologue), prétend qu'elles occupent une position d'objet. La chanteuse Hélène Segara, probablement sans le savoir, est d'accord, et elle le dit à sa manière dans la chanson *Au nom d'une femme :* la femme y est dépeinte comme « celle qui porte le nom du père – et qui le perd ». Tout se passe comme si la femme passait de l'ordre du père à celui du mari ; selon Lacan, la femme circule dans les arbres généalogiques. Car la famille est une institution patriarcale, qui ne sert à rien d'autre qu'à régler l'échange des femmes : celui qui prend une femme à une autre famille devra une fille à la génération suivante.

Pour autant, peut-on dire que la psychanalyse est misogyne ? Elle l'est beaucoup moins que le monde politique ou les milieux économiques ! C'est probablement la psychanalyse, au XXe siècle, qui a donné le plus de place aux femmes qui la pratiquaient. Dans cette profession, les femmes ont effectué des apports d'envergure, telles Mélanie Klein, Hélène Deutsch, Françoise Dolto et beaucoup d'autres. Pourquoi ? Peut-être parce que, si la femme est en position d'objet, le psychanalyste l'est aussi dans la cure, et ce n'est aucunement dépréciatif, puisque c'est sa fonction d'incarner un point vide dont l'analysant va se servir. La femme et le psychanalyste, même combat ? Toujours est-il qu'aujourd'hui la psychanalyse est un métier très féminisé, au point que Lacan, toujours gracieux et aimable, prétendait que Freud avait laissé la psychanalyse « aux mains des femmes, et peut-être aussi des maîtres-sots »… Sans commentaire.

Donc : l'amour met à la porte le savoir ; si on aime, c'est parce que l'on ne sait pas. D'ailleurs, la divine Marlène Dietrich, qui n'a pas été rendue moins perspicace par les volutes de son fume-cigarette, disait : « J'aime la France d'un amour que je ne peux pas complètement expliquer, ce qui prouve que c'est un véritable amour. »

Souces : Lévi-Strauss, *Les Structures élémentaires de la parenté ;* Molière, *L'École des femmes ;* Lacan, *Autres Écrits, « Télévision » ; Le Séminaire II, Le Moi dans la théorie de Freud et dans la technique de la psychanalyse ; Le Séminaire V, Les For-*

mations de l'inconscient ; Le Séminaire XI, Les Quatre Concepts fondamentaux de la psychanalyse.

La Dame de l'amour courtois

Rien n'est écrit ni maîtrisé d'avance dans l'amour. Sauf… s'il n'est pas consommé, parce que là on sait à quoi s'en tenir ! L'amour courtois, qui a beaucoup intéressé Jacques Lacan, a été inventé à l'époque de la féodalité chrétienne, en un temps où l'homosexualité était un peu passée de mode. Dans cette forme d'amour un peu spéciale, la Dame est idéalisée, placée sur un piédestal, et on n'y touche pas ; elle est froide, inhumaine, et dit toujours *non*. On peut à sa guise se la représenter sous les traits de la Cruella des *101 Dalmatiens*, mais aussi sous ceux plus amènes de « la poupée qui dit non, non, non », chère au chanteur des années 1960-1970, Polnareff[4].

Pour Lacan, à quoi sert l'amour courtois ? Si le chevalier fait la cour à sa Dame, ce n'est certainement pas pour « conclure ». Dans cette affaire, le sexe est reporté *sine die*, mais ce n'est pas juste un jeu de séduction, car le chevalier est tout entier dévoué au service de son élue. Voilà quelque chose d'assez énigmatique, surtout pour des gens du XXIe siècle habitués à multiplier les conquêtes dans les boîtes de nuit et à remplir jusqu'à ras bord leur caddie au Mammouth Géant. Certains observateurs de la vie contemporaine prétendent que la chasteté revient en force (info ou intox ?), mais n'est-ce pas plus à cause du sida et de l'hépatite B que de la morale ?

---

[4] Certains se souviennent que ce chanteur, disant « non » avec ses fesses à un ordre télévisuel des plus rigides, en paya le prix par une exclusion de ce que l'on appelle aujourd'hui le Paysage Audiovisuel Français (PAF).

L'amour courtois est un mystère pour la psychanalyse : il n'est pas une affaire de morale, dont toute l'histoire de l'humanité prouve qu'elle s'en fiche comme d'une guigne. Tout ce que l'on peut en dire, c'est que l'amour chaste sert à sublimer, à écrire des poèmes par exemple, car les gens du Moyen Âge savaient se distraire intelligemment. Il sert aussi à dégourdir les hommes, à leur apprendre à faire des ronds de jambe, parce que, autrement, ces gros balourds ne pensent qu'à chasser et à boire ; la politesse vient de là, même s'il est clair que l'homme est un cancre, et reste fondamentalement inéducable !

En fait, ce service de l'amour cache le fait qu'« il n'y a pas de rapport sexuel », comme l'assène Lacan. Qu'est-ce que cela veut dire ? Que la rencontre sexuelle ne peut pas s'inscrire dans un système de représentations. Quand l'homme et la femme copulent, cela ne fonde pour eux aucune identité : ce n'est pas pour autant que l'homme peut se prendre pour un homme, ou la femme pour une femme. D'ailleurs, la meilleure preuve, c'est qu'en général ils recommencent, et on ne recommence que ce que l'on rate, c'est bien connu. Puisque les protagonistes ne se comprennent pas, il ne peut y avoir de dialogue, ce qui explique que le savoir sur le sexe soit en déficit. On peut même se demander si ce n'est pas précisément à cause de cette carence de savoir sur le rapport sexuel qu'il y en a qui s'acharnent à accumuler des diplômes, des titres, voire pour les plus ambitieux à inventer la science !

L'amour courtois exclut le sexe, alors on ne s'aperçoit pas que cela capote. Bien sûr, c'est une feinte, mais Jacques Lacan en salue l'élégance. En plus, être privé de quelque chose n'est pas dénué d'un certain charme. Parce que, le chevalier, qu'est-ce qu'il veut ? Il veut désirer, il voue à sa Dame un amour platonique, par nature désincarné ; son objet de passion n'a aucune réalité charnelle – c'est donc un amour inhumain. Dans la poésie, cet incroyable attachement a fait des émules, note Lacan. Dante est fou de sa Béatrice, mais il ne l'approche jamais ; elle s'impose comme Autre absolu, sublime, ce qui veut dire aussi méconnu et inaccessible. Non seulement il ne la touche pas, mais tout ce qu'il obtient d'elle, c'est un battement de cils ! Le clin d'œil de la belle Béatrice est la cause improbable de toute l'œuvre du poète – de même que la contemporaine « théorie des catastrophes » prétend qu'un battement d'aile de papillon peut provoquer un cyclone à l'autre bout de la terre.

Il n'y a pas que les hommes qui consacrent leurs efforts au service d'une dame. Un cas de Freud repris par Lacan, « la Jeune homosexuelle », montre que les femmes peuvent le faire aussi. Il s'agit d'une jeune fille, consacrée avec dévotion à l'amour d'une femme à laquelle elle fait la cour, endossant auprès d'elle le rôle de l'homme. Mais cet amour idéal vise à provoquer son père. C'est qu'il l'a déçue en faisant l'enfant qu'elle attendait de lui à sa mère, ce qui est dans l'ordre des choses, mais la petite est jalouse, alors elle va lui montrer ce que c'est qu'aimer, qu'aimer vraiment. Et elle n'y va pas de main morte, n'hésitant pas à se jeter d'un pont (elle s'en tirera) sous les yeux de son père quand son amie menace de rompre. Sa chute est un passage à l'acte évoquant la naissance d'un enfant qui, lui aussi, est *mis bas* ; l'enfant est le nœud gordien de cette affaire et, au-delà de l'enfant, il y a le phallus. Elle ne peut l'avoir (de son père), alors elle décide de l'être (pour une dame). Voici comment nous pouvons reformuler la logique de cette jeune personne qui ferait mieux de passer son bac que de passer par-dessus le parapet : « Je n'ai pas pu avoir d'enfant du père, comme substitut du phallus que je n'ai pas; puisque c'est comme cela, ce phallus, je vais l'incarner par ma personne, et le restituer[5] à une femme qui, par définition, ne l'a pas».

Conclusion d'une histoire sans conclusion possible: l'amour courtois est un jeu autour de l'avoir et de l'être; et, au-delà, il y a le rien, ce qui pour Lacan n'est pas rien! Le chevalier qui virevolte autour de sa dame sans jamais l'atteindre prouve que tourner autour du pot, c'est viser l'essentiel.

Sources: Freud, *Névrose, psychose et perversion;* Lacan, *Le Séminaire IV, La Relation d'objet; Le Séminaire VII, L'Éthique de la psychanalyse; Le Séminaire XX, Encore.*

L'homme riche peut-il aimer?

Dans l'amour, on donne, on reçoit, on prend, mais quoi? C'est précisément ce *on ne sait quoi* qui est en question. Il y en a qui ne peuvent pas donner, car ils ont trop, parce qu'ils sont riches! Le riche existait avant le bourgeois, qui a été créé plus tard par le Dieu Capital. Il est facile de le reconnaître: il dépense, il flambe, à un point tel que les nouveaux riches de la Russie d'aujourd'hui semblent par comparaison jouer petit bras. Toujours plus beau, toujours plus cher, toujours plus voyant, tel est son

[5] Il en est de même pour Tintin dans *Le Sceptre d'Ottokar*, où notre jeune héros restitue au très séduisant roi de Syldavie ce qui lui fait défaut pour être puissant, c'est-à-dire pour régner: nous voulons parler de son sceptre, instrument phallique s'il en est.

lo. Davantage qu'un *credo*, auparavant c'était même un :voir.

Aujourd'hui il y a encore des riches, mais ceux-ci ne dépensent plus, ou moins qu'avant. Que font-ils de leur argent ? On a du mal à croire que tout est englouti dans les fêtes un peu *plan-plan* de la *jet set* que l'on nous montre dans le magazine *Gala*, égayées par l'épatante Hermine de Clermont-Tonnerre, dont le cheveu rougeoyant est, semble-t-il, l'inévitable pilier des dîners mondains. C'est que le riche a changé : maintenant il compte, Madame, il compte.

La figure du riche a retenu l'attention de Lacan, qui nous raconte une petite histoire plaisante. C'est un riche très riche (il se trouve qu'il est protestant, la réussite ici-bas compte beaucoup pour ces gens-là, il n'y a pas que pour eux d'ailleurs). Un jour, il renverse sur la voie publique, avec le pare-chocs de sa grosse voiture, une jeune fille. Elle est jolie, fille de concierge, et reçoit avec froideur les excuses ; une chose en entraînant une autre, il l'invite à dîner, et plus elle se fait prier, plus il est mordu. Il finit par l'épouser, la couvre de bijoux qui chaque soir regagnent un coffre-fort ; et puis un jour, elle part avec un ingénieur sans le sou que l'on imagine agent à l'ÉDF. Un metteur en scène comme Claude Sautet, héraut du cinéma intimiste à la française, aurait pu faire ses choux gras d'une telle histoire : on imagine une Catherine Deneuve glaciale aux prises avec l'austère Jean-Louis Trintignant (le riche), mais s'exaltant pour le séduisant Sami Frey (le pauvre).

La morale de l'histoire pour Lacan ? C'est que le riche ne paie pas ; il a tellement d'argent qu'aucune dépense ne peut l'affecter. Tout ce qu'il peut faire, quand il aime, c'est refuser, ce qui l'énerve, et énerve encore plus les autres. Cela signifie qu'il n'y a pas de manque chez lui et, donc, il lui est très difficile d'aimer, puisque, pour aimer, il faut avoir une carence que l'autre, espère-t-on, viendra combler. Le riche n'est pas doué pour l'amour : un agitateur de Galilée nommé Jésus le disait déjà il y a deux mille ans ! Contrairement à la sagesse populaire qui prétend que la plus belle fille du monde ne peut donner que ce qu'elle a, dans l'amour il s'agit de donner ce que l'on n'a pas – c'est-à-dire son manque à être. C'est ce qui circule dans l'amour, puisque, selon la formule pessimiste de Lacan, « aimer c'est donner ce qu'on n'a pas à quelqu'un qui n'en veut pas ».

Problème : pour Lacan, l'argent a tendance à rendre impuissant. Et, puisque être en analyse c'est ressentir une forme d'amour, le riche a aussi bien des soucis pour se faire analyser. Il est donc à la fois un handicapé du lit et du divan : finalement, on est presque content d'être pauvre…

Sources : Lacan, *Le Séminaire VIII, Le Transfert.*

3 – La femme, l'homme et l'exception

La mère et son désir (avec Hamlet)

Souvent, la mère n'a pas bonne presse auprès des psychanalystes. C'est que le rapport à la mère est une affaire difficile. Dans *Hamlet*, la pièce de Shakespeare, elle apparaît sous sa face malsaine, même si c'est la vengeance qui est au premier plan dans ce drame. Qu'est-ce qui empêche si longtemps le prince d'Elseneur de prendre sa revanche, et de venger son père assassiné par celui qui, après le crime, épouse sa mère ? On n'attend que cela, et vraiment c'est bien long. Hamlet a toute latitude pour tuer son sinistre beau-père, et pourtant, ce n'est qu'à la fin de la pièce, alors qu'il est lui-même blessé à mort par la rapière empoisonnée de Laërte, qu'il peut enfin frapper Claudius. Hamlet, en bon névrosé, prépare ses bagages pour un voyage qu'il ne fait pas. Précisément à cause des délais interminables de cette histoire, Lacan suggère d'y lire le rapport de l'homme au désir, qui pose la question du temps.

Hamlet lu par Lacan est l'envers d'Œdipe. D'abord, contrairement à Œdipe (qui, lui, ne *sait* pas, on en parle plus loin), Hamlet sait ce qui se trame autour de lui, il est conscient de la dette transmise de père en fils. Ensuite, là encore contrairement à Œdipe, ce qui compte n'est pas son désir *pour* la mère, mais le désir *de* celle-ci ; et la mère d'Hamlet, Gertrude, s'est remariée avec Claudius aussitôt après les funérailles de son mari. Cette veuve joyeuse ne pense qu'au sexe, et avec quel appétit ! Dans le rôle, il faut imaginer une actrice telle que Marthe Villalonga, prototype de la mère au cinéma, qui serait devenue nymphomane.

C'est la mère, le problème d'Hamlet. Il ne trouve pas sa place, ne se reconnaît pas dans ce désir de la mère, vorace et destructeur, et c'est pour cela qu'il vit constamment dans un temps qui n'est pas le sien. Ce drame montre la difficulté de se démarquer de la volonté de la mère, à laquelle tout enfant est soumis comme à un caprice, et qu'il appréhende dans ses allées et venues, ses absences et ses retours. La mère peut faire du dégât si sa volonté n'obéit pas à la loi qu'introduit le père, qui est d'abord une fonction symbolique. Pour un enfant, s'identifier au désir de la mère, c'est vouloir être le phallus qui lui manque – place à laquelle il se met si le désir de celle-ci n'est pas apprivoisé par une loi. Donc, selon Lacan la vraie question d'Hamlet n'est pas « to be or not to be », mais « être ou ne pas être le phallus ». Ce qui pourrait se traduire ainsi : complémenter le désir de la mère, ou exister de façon autonome.

D'autres qu'Hamlet se sont posé la même question, mais se sont débrouillés mieux que notre héros shakespearien captif des brumes du Danemark, pays où, c'est bien connu, il y a quelque chose de pourri. Le Petit Hans, par exemple, un cas de Freud repris par Lacan, se livre à un véritable bricolage pour se tirer du guêpier maternel. Son père est un peu défaillant dans sa fonction, et l'enfant va alors chercher le père ailleurs. Il se choisit pour cela un animal-totem, le cheval, qui endosse pour l'enfant une fonction médiatrice de tiers dans ses rapports avec la mère. Cela explique qu'il ait peur de cet animal, le cheval qui mord étant pour lui un substitut du père qui castre. L'étalon devient ainsi un *ersatz* de père pour le petit Viennois – qui se trouve par là un père sous le sabot d'un cheval !

Ce qu'il fallait démontrer : l'important n'est pas d'avoir sous la main tous les ingrédients, c'est d'avoir assez d'imagination pour remplacer celui qui manque – exactement comme en cuisine ! Mais il faut croire qu'Hamlet ne savait pas faire d'omelette…

Sources : Freud, *L'Interprétation des rêves ; Résultats, idées, problèmes, vol. I ;* Shakespeare, *Hamlet ;* Lacan, *Le Séminaire V, Les Formations de l'inconscient ; Le Séminaire VI, Le Désir et son interprétation ; Le Séminaire IV, La Relation d'objet.*

La femme – la mère : match nul

La mère, on vient d'en parler, ce n'est pas du gâteau. Pourtant, elle est celle qui a, qui répand ses bienfaits – ou alors qui s'y refuse, qui ne répond pas, qui n'est pas là. Elle est l'Autre de la demande, la puissance qui donne (ou pas) le biberon, les tartines au chocolat, le verre d'eau… La psychanalyse oppose à la mère la femme, qui est un être qui manque. Elle n'a pas le phallus – c'est dire qu'elle est pauvre, c'est sa nature. Si elle *est*, c'est au détriment de l'avoir, ce qui explique qu'elle aime passionnément le rien. Une publicité pour un magazine féminin apparue à la fin de l'année 2000 à l'arrière des bus parisiens le disait : « Un rien fait le bonheur de la femme. Mais pas n'importe quel rien. »

La mère et la femme : d'un côté, la richesse, sous la physionomie d'une grosse dame en tailleur Chanel, au chignon combatif et au menton volontaire, que l'on appelait jadis avec considération Madame Mère. De l'autre, le dénuement, toujours attirant chez une femme, comme dans les contes du prince et de la bergère. Pour un homme, il y a souvent dichotomie entre les deux : d'une part la femme qu'il aime et d'autre part la femme qu'il désire. Le film de Jean Eustache, *La Maman et la putain*, montre du reste Jean-Pierre Léaud, acteur culte de la Nouvelle Vague, partagé entre deux donzelles – mais toujours plaisamment bavard.

Femme ou mère, c'est un choix. Mesdames, à vous de décider seules, car la psychanalyse n'est pas nataliste, et elle ne vous encouragera pas à procréer – ni à ne pas le faire. On peut se demander si Marilyn Monroe aurait été une star mondiale adulée si elle avait pu, comme elle le souhaitait, devenir mère de famille. Être une femme est difficile à assumer, ce qui explique que souvent elle désire des enfants pour venir combler un manque : selon Freud, l'enfant est le substitut du pénis qu'elle n'a pas. La maternité serait-elle une solution honorable à la féminité, en en cachant le refus ? Il y a un certain nombre de femmes qui, quand elles deviennent mères, refusent d'être femmes, par exemple en rejetant le père de leur enfant. Avoir un enfant n'est pas non plus facile pour un homme : faire d'une femme une mère peut le conduire à l'impuissance. C'est que pour Lacan la femme incarne la différence, alors que la mère est toute, elle est une, ce qui peut sembler écrasant. Quand la mère contamine la femme, cela mène un couple à l'adultère ou au divorce.

Cependant, il y a de l'espoir. Certes, dans l'inconscient il existe une antinomie entre femme et mère, mais il n'empêche que les bonnes mères demeurent malgré tout des femmes. La mère « suffisamment bonne », selon l'expression du psychanalyste Winnicott, est celle qui n'est pas toute consacrée à son rejeton – elle le laisse respirer et s'épanouir. Restant une femme, elle préserve la place du désir hors de sa relation avec son enfant. Comme le dit Lacan, elle n'est *pas toute* à son enfant, mais non plus *pas toute* à son compagnon, car être une femme, c'est être toujours un peu ailleurs, ne pas appartenir complètement. « Je ne suis pas que la mère de tes enfants », voilà une revendication légitime, dont jadis la chanteuse Michelle Torre fit un tube intitulé *Emmène-moi danser ce soir*. Décidément, sur ce point comme sur bien d'autres, la culture dite « populaire » nous instruit beaucoup.

Sur ce thème qui peut sembler léger, la tragédie fleurit, sous les traits de Médée, héroïne de la mythologie grecque, qui a retenu l'attention de Jacques Lacan. Elle n'hésite pas à commettre un acte extrême, et tue ce qu'elle a de plus cher, ses enfants, lorsqu'elle découvre que leur père, Jason, l'a trompée. Contrairement à l'affaire Grégory, fait divers macabre qui n'a jamais pu être élucidé, les choses sont claires : c'est elle qui les a tués. Elle frappe le volage Jason dans ce qu'il (et elle) ont de plus cher : leur descendance. Donc, elle se venge, mais en même temps elle se frappe elle-même en les sacrifiant. Cette meurtrière est, à sa façon, hors la loi. C'est que, selon Lacan, la femme n'est pas toute dans la loi, elle n'y est pas toute contenue, contrairement à l'homme, qui lui est dedans jusqu'au cou.

Chute : de Médée il ne faut pas médire, pas plus que de Jason jaser, car la première est une « vraie » femme (à savoir une extrémiste), et le second un homme conforme aux stéréotypes (quand cela l'arrange, il est prompt à vouloir oublier que la femme sommeille sous la mère).

Sources : Freud, *La Vie sexuelle ;* Lacan, *Écrits, « Jeunesse de Gide ou la lettre et le désir » ; Le Séminaire V, Les Formations de l'inconscient ; Le Séminaire XX, Encore.*

La femme – l'homme : inégalité

L'homme et la femme sont d'une espèce différente. C'est une banalité, et pourtant elle ne cesse de nous étonner. La ligne de démarcation des sexes n'est pas une mince affaire, et dire qu'elle est culturelle n'épuise pas tout. En fait, elle est liée à la langue, qui est sexiste. Car pour Jacques Lacan, il n'y a pas dans l'inconscient de mot (de signifiant) qui permette de penser l'homme et la femme. Aussi, quoique l'on fasse, on est toujours en exil de notre identité sexuelle ; bref, on pourrait tous déclarer au douanier immortalisé par l'humoriste Fernand Reynaud, « sexualité : apatride ». La seule chose que l'on puisse penser entre les sexes, c'est un mot, un signifiant tout seul, que Lacan désigne comme le phallus. Et celui-ci ne doit pas être confondu avec le pénis.

Le pénis, il y a ceux qui l'ont, les hommes, et ils ne cessent de justifier qu'ils le possèdent, par exemple en s'acharnant à acquérir de l'argent, du pouvoir, la gloire. Si l'on suit Lacan, celles qui ne l'ont pas, les femmes, le revendiquent (« je veux une maison, de l'argent, des bijoux, etc. »), ou tentent de l'incarner en privilégiant l'être sur l'avoir. On ne peut s'étonner alors que la femme, souvent, se fiche de l'avoir, tandis que l'homme, dûment doté d'un appendice, soit davantage conservateur. Voilà probablement pourquoi les femmes, moins ancrées dans la possession, votent davantage que les hommes en faveur des idées dites « de gauche », c'est-à-dire favorables au partage des richesses (au moins en théorie). Puisqu'elles n'ont pas, elles n'ont pas peur de perdre !

Le phallus, contrairement au pénis, il y en a *et* il n'y en a pas pour tout le monde, affirme Jacques Lacan. Il circule entre l'homme et la femme et, selon la psychanalyse, il est l'enjeu de leurs rapports. Le trajet « normal », pour un petit garçon, c'est de renoncer à *être* le phallus qui manque à la mère, et s'identifier au père qui, lui, l'*a*. Pour la fille, c'est non seulement abandonner l'idée de l'*être* pour la mère, mais aussi accepter de ne pas l'*avoir* pour, plus tard, le *recevoir* d'un homme sous l'aspect de son sexe ou d'un enfant qu'il lui fera. Chacun se débrouille comme il peut avec cet avoir *et* ce non-avoir !

Certains se sont gaussés du « phallocentrisme » lacanien, puisque sa pensée de la différence sexuelle tourne autour du phallus, mais c'est négliger que dans la pensée du maître les choses ne sont pas si simples. Un homme peut très bien décider d'être, et une femme d'avoir ! Il y a un choix du sexe, pour les hommes comme pour les femmes, ou, plus exactement, pour les mâles comme pour les femelles : le sexe du sujet n'est pas nécessairement le sexe de l'état civil. Être homme ou femme n'est rien d'autre qu'une décision.

Et ce choix n'est pas sans conséquence. Les hommes qui *l'ont* rentrent dans un universel. Ils sont tous les mêmes, sauf ceux qui sont différents ; et c'est à partir des seconds qu'il faut appréhender les premiers. « L'exception confirme la règle », pose Lacan. Il y a d'un côté la généralité, le « tous les hommes », et de l'autre il y a celui qui ne fait pas partie de la série, qui sort du lot. Ce qui rend possible le « pour tout homme », c'est que le père s'en excepte ; il est en position de hors-la-loi (comme le père freudien de *Totem et tabou*, qui possède toutes les femmes et que ses fils finissent par tuer).

Pour Lacan, l'exception est quelque chose de très important, au point de déterminer tout le reste. Lui-même, d'ailleurs, est hors série, père d'une horde analytique qui ne cesse de le contester et de vouloir l'exclure. La reconnaissance de son travail dans les années 1950 va entraîner au fil des années des processus de censure, et même d'excommunication, de la part de l'institution psychanalytique nationale, puis internationale. Il est vrai qu'il refuse de se plier aux règles qu'acceptent les autres psychanalystes ; mis à la porte (« excommunié », dit-il, en ajoutant : « comme Spinoza » ; on voit que la modestie ne l'étouffait pas), il crée sa propre « École » en 1964. Pour ce faire, il lance le 21 juin de cette même année la très gaullienne apostrophe, restée célèbre : « Je fonde – aussi seul que je l'ai toujours été dans ma relation à la cause analytique – l'École Française de Psychanalyse... » Il commence, et certains suivent : l'exception est fondatrice. Il est alors dans l'ordre des choses que cet homme hors norme s'intéresse à l'exception et tente de la théoriser.

Certains hommes permettent aux groupes et aux sociétés de se constituer, mais, selon Lacan, c'est du côté du féminin que l'exception prend vraiment son sens. Car les femmes sont toutes différentes, au point même que l'on ne peut pas dire qu'elles soient exceptionnelles, car il n'y a pas de norme de la femme. Quand Lacan dit que « La Femme n'existe pas », cela signifie qu'il n'y a pas de généralité de la femme, elle n'entre dans aucune série. Il y a « La République », « La Mort », « L'Espérance », mais pas « La Femme » !

L'exception chez l'homme se trouve donc chez le père ou chez la femme. Autrement dit, l'homme ne ressemble à la femme que sous le versant de l'exception. Dame, il suffit de songer à un Louis XIV autoritaire, paré et courtisé, pour comprendre qu'il tenait le rôle de la plus grande folle de Versailles (même s'il aimait les femmes, la question n'est pas là) ! Et Jacques Lacan, était-il en position de père ou de femme ? Bien entendu, nous ne détenons pas la réponse, le dossier reste ouvert.

Conclusion : entre l'universel de l'homme et le « pas-tout » de la femme, il n'y a rien à voir : circulez !

Sources : Freud, *La Vie sexuelle ; Totem et tabou ;* Lacan, *Écrits, « La signification du phallus » ; Autres Écrits, « Télévision » ; Le Séminaire XVIII, D'un discours qui ne serait pas du semblant ; Le Séminaire XIX, … Ou pire ; Le Séminaire XX, Encore.*

Dom Juan, ou la jouissance des femmes

Dom Juan, qui, lui, n'est pas pris dans la ligne de partage des sexes, se situe délibérément du côté de l'exception. Il est le héros du désir, l'homme qui aime passionnément les femmes, et il faut dire qu'elles le lui rendent bien : aucune ne résiste à son regard de braise, à son bagout et à sa gaieté intrépide. Jacques Lacan fait de Dom Juan une figure féminine, un mythe féminin, d'abord parce qu'il veut jouir au-delà de la loi, n'obéissant à rien ni à personne, et puis parce que ce personnage fait jouir les femmes. Mais que cherche ce demi-dieu qui s'amuse des conventions et des principes ? Lacan pense qu'il est en quête de la femme dotée d'un sexe d'homme, il couche avec plus de mille femmes pour enfin l'atteindre, et évidemment il ne la trouve pas. Sauf au moment où il rencontre l'invité sinistre, qui figure au-delà de la femme, et là c'est fini, son destin est scellé, il meurt.

Dom Juan aurait pu trouver un autre moyen pour trouver « La » Femme, s'il avait été pervers. Selon Freud, le pervers fait exister la femme non châtrée par ses manœuvres, ses mises en scène qui nient l'absence de pénis de la femme. Par exemple, s'il a besoin d'un soulier pour faire l'amour avec une femme, c'est parce que, étant enfant, la dernière chose qu'il a vue avant de s'apercevoir que sa mère n'a pas de sexe masculin, c'est une chaussure. La présence du fétiche, qui fonctionne comme un voile, lui permet de nier l'image de la femme châtrée. Fort de cette mise en scène, tout se passe alors pour lui comme si la femme était complète, à l'instar de l'homme. Le pervers est un type qui se fait son cinéma !

Mais revenons à Dom Juan, qui fait jouir les femmes sans avoir besoin de se munir d'une chaussure. Comment fait-il ? Vaste question, que beaucoup d'hommes se posent. D'abord, au lit, qui jouit ? De quoi jouit-on ? De l'autre, du sexe, de soi ? Lacan ne croit pas au point G, ni aux considérations hasardeuses sur l'orgasme clitoridien ou vaginal, et la lecture du best-seller *La vie sexuelle de Catherine M.* ne lui aurait probablement rien appris. Pour lui, la femme entretient avec la jouissance un rapport différent de celui des hommes. Il semble que c'est pour cela qu'elle aurait davantage de plaisir au lit que l'homme – du moins, c'est ce que la mythologie nous apprend par Tirésias, qui a eu la chance insigne d'avoir pu devenir une femme après avoir habité un corps d'homme.

La jouissance féminine est *autre* : qu'est-ce à dire ? Elle aurait pour principe, selon Lacan, la représentation d'un mort. Celui-ci prend la forme de l'incube, ou du revenant qui vient donner du plaisir aux femmes la nuit. Tout cela semble un peu abstrait, mais essayons de prendre des exemples dans la culture dite « de masse » et la vie quotidienne. Ce fantôme s'incarne parfaitement dans Dracula, le mort vivant, le spectre qui réclame une épouse. Ce personnage très apprécié par le cinéma et la bande dessinée n'a pas à s'inquiéter pour son plan de carrière – son succès ne se dément pas. La mort seraitelle *sexy* ? Ce serait alors la raison pour laquelle certaines femmes s'amourachent de pilotes de course, de marins, de pompiers, tous exerçant des métiers dangereux. C'est aussi probablement l'explication de la passion de Rosana Arquette pour Jean-Marc Barr dans le film de Luc Besson, *Le Grand Bleu*, où la belle aime un plongeur en apnée qui ne cesse de battre record sur record, jusqu'au moment où il reste captif des fonds marins.

Toutes ces considérations mortifères n'empêchent pas la femme d'être volontiers fidèle à son petit mari, que l'on va décrire comme un gentil quidam pépère qui sort tous les jours du bureau à la même heure, et rentre à la maison lire le journal devant la télé. Pourtant, quand la femme fait l'amour avec lui, si l'on suit Lacan, ce n'est pas avec lui qu'elle jouit (quand elle jouit), mais avec un autre. Qui ? L'autre, c'est une sorte de point vide, il est justement tout ce que n'est pas son mari, puisqu'il ne ressemble à personne, un peu vaurien, à l'occasion déjanté. Gérard Depardieu et Patrick Dewaere, dans le film de Bernard Blier, *Les Valseuses*, ont le physique du rôle : ces marginaux portant beau incarnent pour les femmes qu'ils rencontrent des personnages déroutants et, ce qui accroît encore leur charme, promis à une mort certaine.

La jouissance de la femme, à l'instar de certaines majorités politiques trop souvent bricolées, est donc « plurielle ». La fidélité féminine la plus scrupuleuse repose sur une duplicité : d'un côté la régularité (le principe de plaisir), de l'autre la jouissance (l'au-delà du principe de plaisir). En effet, les deux s'opposent selon Freud : le principe de plaisir, c'est « vivoter », c'est manger varié et juste ce qu'il faut, prendre garde à l'hygiène de vie, faire du sport régulièrement, se coucher tôt pour être en forme et préparer sa chaise le soir afin de ne rien oublier le matin au moment de prendre le RER. Par contre, l'au-delà du principe de plaisir, c'est l'excès, la jouissance au point qu'elle est une tension extrême, qui peut coexister avec la douleur. Mon premier consiste à aller cueillir du muguet dans les bois pour le premier mai en Peugeot 205, mon second est plutôt de filer à toute vitesse en pleine nuit vers Rome sur une 1500 cm^3 après des agapes copieusement arrosées et une surenchère de produits illicites. Et mon tout est de conjoindre les deux incompatibles : c'est un exercice de haute voltige, mais on pourrait dire que la jouissance féminine est un produit « deux en un ».

Résumé : la femme, incomplète par nature, a un rapport avec l'illimité ; elle est plus ouverte que l'homme à l'au-delà des bornes, au hors-limite – qui est probablement le nom inavouable de bien des « jardins secrets » féminins, mais aussi d'œuvres fascinantes comme l'est celle de Marguerite Duras.

Sources : Freud, *La Vie sexuelle ; Au-delà du principe de plaisir ;* Molière, *Dom Juan ;* Lacan, *Écrits, « Propos directifs pour un Congrès sur la sexualité féminine » ; Autres Écrits, « Télévision » ; Le Séminaire IV, La Relation d'objet ; Le Séminaire XX, Encore.*

4 – Le héros en butte au désir

Le héros est mort, vive le héros !

Homme ou femme, il y en a qui traversent la vie avec une seule idée en tête : se consacrer à la tâche difficile de réaliser leur destin. Freud affirme que l'humanité a besoin de héros, mais des héros, depuis Napoléon, il n'y en a plus beaucoup. Heureusement, il y a Nelson Mandela, qui a passé trente ans de sa vie en prison, et dont la sérénité et le génie réconciliateur ont permis à l'Afrique du Sud de se moderniser sans trop de dommages.

Le héros a fasciné Lacan ; selon le psychanalyste, il sort du rang et, quelle que soit la cause à laquelle il se voue, il « ne cède pas sur son désir ». Cela veut dire qu'il peut être trahi par celui ou ceux avec lesquels il s'est engagé dans un combat, puisqu'il ne renonce pas. Il est un solitaire, le type de personnage incarné à l'écran par Mel Gibson ou Bruce Willis, acteurs hollywoodiens surpayés et toujours sémillants dans leurs maillots de corps moulants. Mais il y a du héros ailleurs qu'au cinéma : c'est le militaire anglais auquel le docteur Lacan rend hommage et qui, dans les années 1940, lutta contre l'Allemagne nazie ; il prend ses responsabilités, ne se dégonfle pas et va jusqu'au bout.

C'est une forme un peu spéciale d'idéal qui anime le héros. Il a un « rapport véridique au réel », affirme Lacan, admiratif. Le réalisme en 1940 consistait à refuser l'évidence de la défaite française : mais à cette date, combien peu se sont montrés « réalistes » ! Être réaliste, contrairement à ce qu'un slogan de 1968 affirme, ce n'est pas exiger l'impossible, c'est plutôt, pour Lacan, savoir dire non à l'inacceptable. Et c'est aussi ne pas se laisser embobiner par cette voix « obscène et féroce » épinglée par le psychanalyste, à savoir celle du surmoi, dont la politique est parfois le porte-parole. Le surmoi, cette instance néfaste, ne se contente pas de poser les limites et de fixer l'interdit, mais il ordonne de jouir : c'est un pousse au crime !

Malgré toutes ses considérations sur le « réalisme » du héros, qui peuvent être lues comme un appel à la bravoure, Lacan n'a pas résisté pendant la guerre. À sa décharge, il faut bien reconnaître que peu d'intellectuels l'ont fait. Il est vrai qu'il n'était pas politisé et, à l'instar de Freud, il ne croyait pas que la politique puisse changer les choses, et encore moins la vie. Il n'était pas non plus progressiste, et n'a pas manqué de le dire aux étudiants exaltés de 1968, qui n'ont du reste pas bien compris ce qu'il leur racontait. En fait, il voulait révolutionner la psychanalyse, et ce combat lui suffisait.

Même s'il était indifférent à la politique, Lacan aurait, paraît-il, joué un rôle social de premier plan dans les années 1970. Si la France n'a pas connu la dérive terroriste de l'Allemagne, elle le doit, selon certains, à l'attraction de son séminaire public et au fait qu'une poignée de rebelles agités étaient à ce moment-là sur son divan. Sur ce point, l'Histoire tranchera, à moins que, comme d'habitude, elle ne dise n'importe quoi. Le slogan lacanien de l'époque aurait-il pu être : « Faites une psychanalyse, pas la révolution » ? Quoi qu'il en soit, on aimerait savoir ce que sont devenus les boutefeux germanopratins qui venaient s'allonger au 5, rue de Lille, adresse très chic de la rive gauche de Paris où Lacan officiait : d'aucuns seraient-ils devenus psychanalystes ? Cela expliquerait que certains soient si intolérants : le maoïste, le trotskiste, le gauchiste, animé à vingt ans par la certitude de détenir la vérité, la garde pour lui quand les années passent, c'est bien connu.

Ce qui est sûr, c'est que le névrosé est tout sauf un héros. Par nature, il est couard, parce qu'il ne sait pas ce qu'il veut, parce qu'il est capté dans les filets du désir des autres. La psychanalyse permettrait-elle de développer le sens du courage ? Serait-elle la baguette magique susceptible de transformer votre boucher un peu flapi en un Jean Moulin ? Affaire à suivre en cas de *pronunciamiento* militaire. Car pour Lacan, il y a d'un côté les masses, ce qu'il appelle la « chair à parti », l'homme du commun qui se consacre au « service des biens » sans se poser de questions ; et de l'autre il y a ceux dont on dit « ça c'est quelqu'un », et qui sortent du lot parce qu'ils ne ressemblent pas aux autres. On s'en doute, il est plus difficile de ressembler aux seconds qu'aux premiers…

Mais, pour Lacan, le héros n'est plus ce qu'il était. Auparavant flamboyait dans la tragédie et dans l'histoire le héros classique, identique à son destin, dont Antigone est un bel exemple (on en parle plus loin). Le héros d'aujourd'hui est occupé à un combat qui n'a guère de poids, même et surtout pour lui-même. Il est à la dérive, un peu flottant, sans projet précis. C'est le cas de Sygne de Coûfontaine (on la rencontre aussi plus loin), héroïne du dramaturge catholique du XXe siècle Paul Claudel, ou, plus proche de nous, des personnages des livres du très contemporain Michel Houellebecq. Ces derniers n'ont vraiment rien demandé à personne, et surtout pas d'évoluer dans des histoires dont ils n'ont rien à attendre, sauf des ennuis. Le héros d'aujourd'hui évolue dans un au-delà du sens, disqualifiant un tragique dont Lacan se demande s'il existe encore. Proposons une réponse : il existe sûrement, mais autrement ; le second degré en est probablement la modalité moderne : il dégouline de l'écran dans le film *Starship Troopers*, qui nous montre sans grand souci de réalisme ou de pitié des humains en lutte grand-guignolesque contre d'horribles insectes pattus et peu gentils.

À l'époque de désenchantement qui est la nôtre, que peut-on faire, puisqu'il n'y a plus vraiment de héros ? Puisque le militaire est une voie démodée vers l'héroïsme ? On peut être un dandy, consacré corps et âme au futile, serviteur du rien qu'il exalte. Cet antihéros traite son corps et sa vie comme un art, érige et cultive sa singularité individuelle en jouant du registre de la pose. Ce n'est pas à la portée de tout le monde ! Dans l'enseignement de Lacan, il n'y a pas de dandy, mais lui-même en était un, comme le montre le *look* vraiment pas possible qu'il arborait : nœuds papillons inénarrables, cols de chemises inédits, manteaux de fourrure et autres excentricités décalées qui ont été souvent reprises ou copiées. Bien avant lui, il y a eu Brummel, un Anglais décadent, qui faisait peser au XIXe siècle la dictature de son goût sur la plus fière aristocratie du monde. Les plus chics imitaient la façon de nouer sa cravate et la couleur du gilet de ce beau et impassible jeune homme, maître de ses émotions et de tous les actes de la vie quotidienne.

Question : le psychanalyste est-il, en cas de péril grave, un héros ? Essayez d'imaginer le (la) vôtre en treillis, avec une kalachnikov en main, et voyez par vous-même s'il (ou elle) est crédible en un tel appareil… Après tout, pourquoi pas ? Et vous-même, après quelques années d'analyse, serez-vous de l'étoffe de ces résistants modèles incarnés par le couple Aubrac ? On ne peut pas le savoir : le courage n'est rien d'autre après tout qu'une obscure décision de l'être, sur laquelle il est périlleux de parier.

Et enfin : comme en France tout se termine par une chanson, achevons avec le groupe Fredericks-Goldman-Jones et son fameux *Né en 17 à Leidenstadt*, titre qui pose précisément cette question de la bravoure. « Qu'est-ce que j'aurais fait si j'avais été allemand ? », se demande notre sympathique trio – et nous, qu'aurions nous fait ?

Sources: Freud, *Totem et tabou; Psychologie des foules et analyse du moi;* Lacan, *Autres Écrits, «La Psychiatrie anglaise et la guerre»; Le Séminaire VII, L'Éthique de la psychanalyse.*

Antigone, ou qu'est-ce qu'aller jusqu'au bout de son désir ?

Voilà une véritable héroïne ! Antigone est une jeune fille pas comme les autres qui, au lieu de s'acheter des *wonderbra* et de se faire percer le nez, n'a qu'une idée en tête : enterrer son frère mort. Cette héroïne tragique de Sophocle, Jacques Lacan l'a «revisitée» avec passion. Cette fascinante Antigone, qui est-elle ? Elle est celle qui dit «non», elle refuse la loi de Créon, qui interdit d'enterrer le corps de Polynice, tout à la fois frère d'Antigone et adversaire de Créon. L'ennemi de la patrie, qui donne des boutons à Créon, verra sa dépouille livrée aux chiens. Antigone ne peut l'accepter, et périra enterrée vivante. D'ores et déjà, il est inutile d'essayer d'imaginer Antigone sous les traits de Laetitia Casta : ce serait une grave erreur de casting. Et puis, en voilà une histoire lugubre, qui ne pourrait pas arriver rive gauche (tout au plus peut-être dans ces pays reculés et encore presque sauvages des marges de l'Europe où des gens s'étripent sans rime ni raison) !

Curieuse figure que celle d'Antigone, dont la détermination et l'acharnement nous laisse un peu perplexes : son frère est irremplaçable, parce que c'est ainsi, et c'est ce qu'affirme cette jeune personne avec laquelle décidément il est difficile de discuter. Que veut dire cette histoire abracadabrante ? Le philosophe Hegel interprétait cette tragédie par la contradiction entre la loi de la cité qui enjoint à Antigone de ne pas enterrer son frère, et l'amour de l'héroïne pour ce frère bien-aimé qui fait qu'elle doit lui rendre les honneurs funéraires. Pour Jacques Lacan, les choses sont moins simples : il lit dans l'affrontement entre Créon et Antigone l'opposition d'un tort et d'une passion. Créon s'égare, car la loi qu'il impose dépasse toute limite ; Antigone, quant à elle, est poussée en avant par sa passion, elle prend tous les risques, et en paie le prix : c'est dans cet extrême qu'elle est inhumaine. Inhumaine, c'est le mot, et pour la cerner il nous faut imaginer un croisement de sainte Blandine, Jeanne d'Arc et Jean Moulin. Et encore, on n'y est pas tout à fait…

Mais qu'est-ce qu'elle veut, Antigone ? Elle pose la question de la loi, à la fois la sienne et celle des autres. C'est au moment où elle désobéit à une loi qu'elle trouve la loi de son désir. Elle brûle tous ses vaisseaux et, sortant du rang, devient elle-même, c'est-à-dire un individu hors ligne. Car Antigone est libre ; traversant les déterminations qui pèsent sur elle, elle prend une décision porteuse d'une coupure. De façon autonome, elle est alors à elle-même sa propre loi, au-delà même de ses intérêts, puisque cette écervelée ne pense aucunement à son avenir. Et elle va jusqu'au bout, jusqu'à la mort. Comme une allumette, elle se consume sans se soucier de durer : elle tient davantage d'une Janis Joplin survoltée et vite disparue que de l'increvable Charles Trenet, chantre tranquille de la « douce France » et de la « Nationale 7 ».

Une fois enterrée vive, elle entre dans ce que Lacan appelle « l'entre-deux-morts » : mort vécue de façon anticipée, empiétant sur sa vie, tandis que sa vie elle-même déborde sur sa mort. C'est une mort où il s'agit d'un au-delà de la vie. Dans cette zone imprécise apparaît la beauté. Car celle-ci est la défense du désir, elle lui interdit de dépasser une certaine limite ; si elle est transgressée, au-delà il y a l'horreur. Les tableaux de Francis Bacon, assez peu appétissants pour certains d'entre eux, montrent que l'horrible fait partie du beau.

Mais revenons à notre héroïne, décidément déchaînée. Elle va jusqu'au bout de son désir et, par son acte, elle choisit ce qu'elle est, à savoir, nous dit la pièce, « la gardienne de l'être du criminel ». Car ce destin morbide qui est le sien prend son sens en référence à sa famille ; une drôle de famille, il faut bien le reconnaître, assez loin des standards définis aujourd'hui par une petite bourgeoisie proprette et rangée. En effet, Antigone et son frère, en tant qu'enfants d'Œdipe, sont le fruit d'un désir incestueux et criminel qu'elle assume une fois Polynice disparu. Il est clair que ces gens sont tous, quelque part, un peu fêlés. Antigone, par sa mort volontaire, immortalise le destin de sa lignée, et inscrit en même temps sa marque personnelle dans celle-ci. Que vous soyez apprécié par votre concierge ou agité du bocal, fonctionnaire ou navigateur, rangé des voitures ou criminel sadique, ce que vous êtes et ce que vous faites ne prend son sens que par rapport à la famille dont vous venez.

Antigone, le film : quand la séance s'achève et que les lumières s'allument, le spectateur est un peu embarrassé. Bien sûr, toute ressemblance avec des personnages existants ou ayant existé ne serait que pure coïncidence : nous voilà rassurés. Mais en quoi tout cela nous concerne-t-il ? Le commentaire effectué par Lacan de l'*Antigone* de Sophocle tisse ensemble le désir, le destin, le tragique et la loi : cela peut paraître bien lourd, bien indigeste à des estomacs habitués à des cuisines allégées, comme le supplément littéraire du journal *Le Monde*.

Mais tendons l'oreille : ce que Lacan dit intéresse tous ceux qui fréquentent un divan. Car, et c'est là qu'il veut en venir, l'expérience psychanalytique ressemble à la tragédie : elle met en jeu le désir, dont l'essence même est d'être extrême. « Antigone nous fait voir le point de visée qui définit le désir », dit Lacan. Le but de l'analyse n'est donc pas d'être mieux adapté, plus productif en entreprise, ou plus riche que son voisin. Lacan ne plaisante pas : être en analyse, c'est s'affronter au désir, tenter de le connaître, de le mettre en acte, c'est aussi faire face à la mort, dans ce qu'elle peut avoir de plus présent et de plus actualisé dans la vie de chacun. Rien que cela !

Ce n'est pas une promenade de santé dont il s'agit. Après une telle épreuve, on comprend que celui qui s'est allongé sur un divan avec quelque constance soit différent, réduit à sa particularité dans ce qu'elle a de plus intime et de plus irréductible ; il déchiffre seul la loi de son désir, clé de son destin, à condition toutefois qu'il soit prêt à en payer le prix. Et la seule éthique, selon Lacan, est alors une éthique du désir : « Avez-vous agi conformément au désir qui vous habite ? » Dès lors, on n'est coupable de rien d'autre que d'avoir baissé les bras. Aux dix commandements de la Bible, Lacan en ajoute donc un onzième : ne cède pas sur ton désir. Bigre ! Voilà des siècles de culpabilité judéo-chrétienne balayés d'un revers de main. Mais le chemin que Lacan montre du doigt peut paraître bien escarpé. Parce que, tout de même, se montrer à la hauteur de son désir, et le faire advenir comme destin, cela n'est pas à la portée de tout le monde.

Morale : il est plus facile de se complaire dans sa névrose qui, par nature, ne sait pas ce qu'elle dit, ni ce qu'elle fait. Ah, l'insoutenable légèreté de la névrose !

Sources : Sophocle, *Antigone ;* Lacan, *Le Séminaire VII, L'Éthique de la psychanalyse.*

Sygne de Coûfontaine, signe de la faillite de l'idéal

Une autre figure d'héroïne, moins pimpante, est tirée de la pièce de Paul Claudel, *L'Otage*, commentée par Lacan ; rien que son nom, Sygne de Coûfontaine, n'est pas à piquer des vers. Retraçons son histoire en marchant sur les pas du psychanalyste. Un peu vieille fille, elle est noble, et a été dépossédée de ses biens par la Révolution ; elle consacre sa vie à remembrer le domaine familial. Elle est amoureuse de son cousin, qui un soir déboule à la maison avec le Pape en personne. Et voilà un autre personnage qui entre en scène, lui aussi affublé d'un nom pas possible, Toussaint Turelure (on se demande où Claudel va chercher tout cela). Toussaint est laid, cynique et, pis que tout peut-être, roturier. Quelle horreur !

Voilà deux êtres que tout sépare : elle est royaliste, il est républicain ; elle est issue d'une bonne famille, il sort de nulle part. Pour résumer, cette histoire est une sorte d'*Autant en emporte le vent* qui tourne mal. Et Toussaint, cet être méprisable et vil, menace Sygne de livrer aux autorités le Pape, qu'elle héberge sous son toit – à moins qu'elle n'accepte de l'épouser. Pour visualiser la situation, il nous faut imaginer Lucie Aubrac dans les bras d'un troufion de la Waffen SS ; on en défaille. Là, un curé intervient, parce que sinon, on s'en doute, Sygne aurait refusé. En acceptant, lui dit-il, elle sera l'agent d'un acte de délivrance sublime ; il lui est demandé d'assumer comme une jouissance ce qui lui fait horreur. Mais elle doit pour cela faire le deuil de sa raison de vivre, et même, au-delà, de son être.

Pour Lacan, Sygne est une sorte d'envers d'Antigone ; si l'héroïne antique est identique à son destin, au contraire Sygne réalise un acte de liberté en allant contre tout ce qu'elle est. À son corps défendant, elle devient donc la baronne Turelure, et aura un petit Turelure. On imagine la nuit de noce…

Tout cela ne nous dit pas pourquoi ensuite ils ne se séparent pas, mais il y a des gens qui préfèrent être malheureux en famille que tranquille tout seul. Cela tourne vraiment mal, si bien que le cousin, à bout de patience, tente de tuer Turelure ; Sygne s'interpose, et meurt. Et son visage à la fin de la pièce nous est présenté ravagé par un tic, qui la défigure, à rebours là encore du reflet de la beauté qui pare Antigone. À l'ultime moment, la sacrifiée fait signe que non.

Même si elle est attachée à la cause perdue de l'Ancien Régime, Sygne sait qu'elle se sacrifie pour des idéaux éculés, pour des mots traditionnels, sans force. C'est la faillite de l'idéal que signe Sygne, et son sacrifice n'aboutit qu'à la dérision de ses fins. Cette œuvre, où Lacan lit le leurre et la moquerie, est « l'indice d'un sens nouveau donné au tragique humain » ; c'est une version moderne de la tragédie.

Et nous ? Chacun à notre manière, nous sommes comme elle, flottant, sans projet précis, un peu égarés. Sauf bien sûr le député socialiste Arnaud Montebourg, qui n'a qu'une idée en tête, faire tomber le président Jacques Chirac ; mais on peut gager que lorsqu'il sera devenu président de la République à la place du Corrézien, Arnaud cessera d'être un héros, car comme chacun sait, l'héroïsme est incompatible avec la fonction présidentielle telle qu'elle est définie par la constitution de 1958.

Claudel, *L'Otage ;* Lacan, *Le Séminaire VIII, Le Transfert.*

5 – Dieu et sa clique

Dieu aujourd'hui : *in* ou *out* ?

Dieu est mort, il n'y a pas de doute ! S'il est mort, cela veut dire qu'il n'a jamais existé, parce que s'il avait existé, il n'aurait pas pu mourir. Sans Dieu, on est tous un peu seul ; quand les gens y croyaient, il leur était plus facile de devenir un bon officier, un bon mari, une bonne mère de famille, puisqu'il y avait un Autre à qui rendre des comptes !

Il est vrai qu'aujourd'hui l'Autre a du plomb dans l'aile : « il n'y a plus de lien mythique où peuvent s'assembler les pères morts, les maîtres disparus, les voix des prophètes, les tonnerres des dieux », écrit joliment Serge Leclaire. Comme il n'y a plus d'Autre pour vous pousser en avant et vous fixer des objectifs, votre névrose fleurit, s'aggrave, et vous ne savez plus à quel saint vous vouer pour donner un sens à votre vie. Alors, vous vous tournez vers ce que Lacan appelle des « exploits dérisoires » : traverser la mer à ski nautique avec des plumes sur la tête, franchir des montagnes attaché sur le dos d'un singe…

L'autre solution (on prêche pour notre chapelle) est d'entreprendre une analyse. Bien sûr, dans un premier temps, le transfert crée de l'Autre, puisque l'on croit que l'analyste détient un savoir qui donnerait le sens de notre existence ; c'est pour cela que Lacan a dit un jour sous forme de provocation que « la psychanalyse est une escroquerie » ! Mais ensuite, on rencontre l'absence de l'Autre, et c'est un sacré soulagement, parce qu'il nous écrase, à l'instar d'une patte d'éléphant qui pèserait sur notre poitrine. Et le plus fort, c'est que c'est nous qui lui donnons ce pouvoir. Car le névrosé croit qu'il existe un Autre qui l'empêcherait de jouir, ce qui est parfaitement faux : d'abord, l'Autre n'existe pas, et puis, s'il existait, il se moquerait éperdument des petits plaisirs des autres. En fait, c'est un système de vases communicants : plus l'Autre s'enfle, plus le sujet est aplati, au point de se voir réduit à rien puisque toutes ses déterminations sont ailleurs.

Le seul Dieu de la psychanalyse est le langage : elle témoigne sa foi en lui à chaque séance ; le dieu langage, qui nous traverse, nous agit et nous fait jouir, est notre maître. Cela veut dire aussi que l'inconscient, qui est organisé comme un langage et qui parle une langue dont nous ignorons le sens, est un dieu : celui qui s'allonge sur un divan croit que l'inconscient détient une réponse que la religion ne lui donne plus sur sa destinée. Lacan l'exprime en une formule sibylline dont il a le secret, « Dieu est inconscient ». Nom de Dieu, analyser, se faire analyser, de même que prier ou écrire, c'est donc rendre un culte au langage !

Pour clore, une contrepèterie de Pierre Dac : « Athée récent échangerait bon Dieu vivant contre bon vieux divan ». Qu'est-ce qu'on rit !

Sources : Freud, *L'Avenir d'une illusion ; Malaise dans la civilisation ;* Lacan, *Le Séminaire VII, L'Éthique de la psychanalyse ; Le Séminaire XI, Les Quatre Concepts fondamentaux de la psychanalyse.*

La mystique jouit

Dieu n'existe pas, mais le chrétien aime Dieu pour le faire exister : ainsi, il est moins seul. On peut penser que c'est démodé, mais pas forcément, puisque de plus en plus de citadins déboussolés vont faire des retraites dans des monastères – et que cherchent-ils, sinon un certain rapport à l'Autre ? Tout cela ne nous semble pas devoir mener bien loin, et on est sceptique devant le XXIe siècle religieux qu'annonçait Malraux.

Plus intéressants que ces convertis d'un week-end sont les mystiques, dont le rapport à Dieu est direct. Lacan les adore, surtout quand ce sont des femmes : il s'esbaudit devant Angèle de Folignio, qui buvait avec délices l'eau dans laquelle elle venait de laver les pieds des lépreux, ou Marie Allacoque, qui mangeait les excréments d'une malade. On est un peu écœuré… Et dire que dans la tradition chrétienne on donne cela pour le comble de la bienfaisance ! Lacan lance avec humour : « L'histoire serait moins édifiante si les excréments étaient ceux d'une belle jeune fille ou s'il s'agissait de manger le foutre d'un rugbyman ». Évidemment, cela ne suffit pas à épuiser le sujet (si l'on peut s'exprimer ainsi), mais est posée la question de la morale chrétienne, qui est tout de même assez spéciale. Qu'est-ce qu'un amour qui va viser l'autre jusque dans son déchet ?

En fait, d'après Lacan, ces modèles de vraies amours ne sont rien d'autre que des formes de perversion. Cette dernière est peut-être la seule façon d'« aimer l'autre comme soi-même », ainsi que nous l'enjoint la religion chrétienne. Devant ce commandement exorbitant, impossible, Freud reculait, et on le comprend ; il cache une indicible cruauté, puisque derrière tout commandement, toute loi, il y a toujours un objet pathologique, un objet du désir caché. La seule façon d'aimer l'autre, c'est par l'entremise de cet objet, que l'on peut être tenté de lui prendre, de lui arracher, ce qui implique rien de moins que de réduire en morceaux un prochain qui aurait dans ces conditions préféré rester à distance !

Lacan s'intéresse moins à la mystique qui aime l'autre qu'à celle qui aime Dieu au point d'en jouir. La statue de sainte Thérèse réalisée par le Bernin (elle est exposée à Rome) le montre : elle est en plein orgasme. Savoir de quoi elle jouit est déjà beaucoup plus obscur, et le témoignage des mystiques montre qu'elles n'en savent rien ; le *no man's land* de leur plaisir est évident. Cette extase d'une autre nature que la jouissance « ordinaire » veut dire qu'elle est « Autre pour elle-même ». Mais n'est-ce pas le cas de la plupart des femmes, même celles qui ne sont pas des mystiques ? Puisque, selon le psychanalyste, « les femmes ont un rapport à Dieu », finalement Dieu ne serait-il pas le partenaire de la jouissance féminine ?

Cette autre jouissance évoquée par Lacan, paradoxale, énigmatique, folle parfois, est une aventure à la fois érotique et poétique, et n'est pas l'apanage des seules femmes. Certains hommes, des mystiques, mais aussi des poètes, à l'exemple de saint Jean de la Croix, de Nerval ou Proust, peuvent y accéder aussi – à condition d'être « doués », précise le docteur Lacan. Comme il faut bien reconnaître que peu le sont, beaucoup n'y parviennent pas.

Alors : les femmes sont, à leur manière, des mystiques. Voilà qui nous en bouche un coin – justement le coin qu'il ne faut pas colmater pour avoir un rapport avec l'infini.

Sources : Freud, *Malaise dans la civilisation ;* Lacan, *Le Séminaire VII, L'Éthique de la psychanalyse ; Le Séminaire XI, Les Quatre Concepts fondamentaux de la psychanalyse ; Le Séminaire XX, Encore.*

Pour sortir du capitalisme : être un saint ?

Ne cherchez pas : il y a probablement assez peu de saints dans votre entourage. Le saint ne se rencontre pas tous les jours, et le maire du Ve arrondissement de Paris, Jean Tibéri, qui se prétend un martyr de la politique, ne fait pas le poids, sans vouloir lui faire injure. Contrairement au mystique, le saint ne jouit pas de Dieu. Il incarne une façon bien spéciale d'aimer Dieu, et une façon de vivre qui l'est encore davantage. Si le personnage a captivé Lacan, c'est qu'il est particulièrement pittoresque. Le saint ne fait pas comme les autres, il vit en conformité avec sa foi, selon le désir d'un Autre divin. Aller au bureau tous les jours, ou accompagner les enfants à l'école, n'est pas dans ses cordes; mais il est vrai qu'en général il ne travaille pas à assurer sa subsistance, et se marie peu. Il fait le sacrifice des « fins séculières » (l'amour, l'argent, la gloire, la petite bière devant la télé) au profit d'une passion unique, la passion divine.

Au-delà du rapport qu'il entretient avec Dieu, il est, selon Lacan, un hérétique. Il ne fait pas la bienfaisance, mais il donne. Car faire la charité, c'est donner ce que l'on a; or justement, il n'a rien. Il donne ce qui ne se partage pas. Au point qu'il se met à faire le déchet: « il décharite », selon le mot de Lacan. Ce personnage, on le comprend aisément, gêne : il ne devient saint que par un écart à côté des voies des fidèles. Ne ressemblant à personne, il est subversif (certainement pas à la manière de Gérard Miller, psychanalyste médiatique et consensuel qui prétend déranger l'ordre des choses pour avoir été il y a bien longtemps membre de la Gauche prolétarienne). La voie est bien étroite entre canonisation et excommunication pour celui qui trouve seul son chemin unique et singulier – sans pour autant chercher à être célèbre, à se faire un « escabeau » de son nom.

Lacan compare le psychanalyste avec le saint. Le *psy* a quelque chose du saint: il prête sa personne à l'analysant, se fait l'objet de son désir, sait qu'il est promis au rebut à la fin de la cure, puisqu'il a pour fonction d'être le déchet du désir de l'autre. Mais il n'est pas véritablement un saint, parce qu'il ne tire aucun plaisir d'un dispositif analytique qui n'est pas là pour servir son bon plaisir. Nous nous permettons d'ajouter qu'il y a d'autres raisons pour lesquelles il n'est pas un saint: il est volontiers grégaire, attaché à un certain *standing* social et à l'approbation de ses pairs – toutes choses dont le véritable juste se fiche comme d'une guigne.

Il nous semble qu'un révolutionnaire comme Che Guevara est une figure consistante du véritable saint : ce n'est pas un hasard si sa photo, véritable icône moderne, est l'une des plus reproduites dans le monde. Ce fort beau garçon n'a jamais voulu exercer le pouvoir, lui qui aurait pu vivre tranquillement à Cuba au lieu d'aller se faire massacrer inutilement dans un village de Bolivie ; il n'a pas eu le temps d'exploiter les bénéfices de sa notoriété puisqu'il est mort à trente-neuf ans, occupé qu'il était à répandre partout ce qu'il n'avait pas, la révolution !

Et les autres, les « vrais », les saints de l'Église ? Ceux qu'elle estampille ne sont pas forcément des saints aux yeux de Lacan, qui considère que le saint, justement, n'est pas très catholique. Le Vatican va peut-être devoir refaire sa copie ! Saint Martin, celui qui sépare son manteau en deux pour couvrir un pauvre, ne serait-il pas un usurpateur ? Lacan pense que son geste est trop facile : donner ce que l'on a pour vêtir un mendiant nu n'est pas un grand sacrifice. Vêtir celles et ceux qui sont nus – mais pourquoi pas chez Christian Dior ? Nourrir ceux qui ont faim – mais pourquoi pas leur saouler la gueule ?

Et puis, qu'est-ce qu'il veut, ce SDF ? Le sait-on ? Saint Martin entend sa demande au niveau du besoin ; s'il avait partagé avec lui sa gamelle, il aurait pu fonder les Restos du cœur à la place de Coluche. Mais peut-être qu'il voulait autre chose, peut-être qu'il voulait que saint Martin « le tue ou le baise », se demande Lacan, provocateur. Bref, si saint Martin avait vraiment été un saint, il aurait entendu la nature du désir du mendiant au-delà des mots.

Le mot de la fin sur saint Martin: « L'étoffe est faite pour être écoulée », note Lacan ; voilà une phrase qui pourrait servir de devise dans les boutiques du Sentier, et qui signifie peut-être que le saint donne au-delà de l'avoir. C'est seulement quand les pièces de tissus sont déroulées, découpées, mises en pièces, quand les oripeaux de la société sont mis à l'encan, que l'on peut espérer devenir enfin un saint. Ce dernier n'est-il pas par essence « au bout du rouleau » ?

Sources: Lacan, *Autres Écrits, « Télévision »; « Joyce le Symptôme »; Le Séminaire VII, L'Éthique de la psychanalyse.*

6 – Des façons d'aller pas bien

Œdipe, le premier des névrosés

Du langage on souffre, et c'est par lui qu'Œdipe, le premier des névrosés, est condamné d'avance. L'homme qui tua son père et coucha avec sa mère est célèbre. Qu'il ait vécu ou pas importe peu: il est tellement là, parmi nous, qu'il existe davantage que si son histoire était « vraie ». Il incarne le passage du mythe à l'existence, et pour réussir cela, il faut pâtir beaucoup.

Qu'est-ce qui lui arrive ? Faut-il encore le raconter ? Dans l'*Œdipe* de Sophocle, notre héros rencontre par hasard le char de Laïos; les événements qui en découlent sont bien connus, *sans le savoir* il passe par le fil de l'épée son père, et épouse sa mère. Puis il devient très puissant, comme l'oracle l'avait prédit. Eh oui, c'était écrit d'avance, même si on a du mal à avaler cette histoire de diseuse de bonne aventure. Freud, lui, l'adore, au point qu'il y retrouve sa découverte fondamentale. L'Œdipe est-il autre chose qu'« un rêve de Freud », comme se le demande Lacan, rêve qu'il aurait élevé à la dimension d'un universel ? Autrement dit, le Viennois aurait-il abusé de la tarte au pavot ? On ne sait ; mais à force de nous le ressasser – même la rédaction du magazine le *Nouvel Observateur* sait de quoi il retourne : l'Œdipe, c'est vouloir coucher avec maman et tuer papa – il faut bien reconnaître qu'il est complètement éculé. Cet Œdipe ultra-balisé n'intéresse à première vue plus grand monde.

Alors, est-il pour autant *out* ? Oui et non ; pour Lacan, la référence au complexe d'Œdipe est strictement inutilisable dans la cure telle qu'elle se déroule au quotidien. Ce n'est pas dire qu'il s'en débarrasse, parce qu'il conserve le même triangle mère-fils-père, mais il le regarde autrement. Pour lui, le complexe d'Œdipe est le passage de l'ordre imaginaire à l'ordre symbolique, qui advient quand le père intervient pour normaliser le désir de la mère – c'est ce qu'il appelle la « métaphore paternelle ». Pour s'en faire une idée concrète, il faut se souvenir de la série télévisée *Au nom de la loi*, quand l'acteur Steve McQueen, revolver au poing, débrouille une intrigue compliquée en s'écriant : « Au nom de la loi ! » De même, dans la réalité est donné, par l'entremise du père, un moule, une forme, une règle au désir de la mère. Car le complexe d'Œdipe est à sa manière un mythe du père, une garantie de la loi.

Il y a une question qui se pose pour le *psy :* doit-il renforcer le père, le mettre au centre du discours, ou au contraire briser sa statue ? La question reste ouverte ; ce qui est sûr, c'est que pour Lacan il ne s'agit pas de tenter désespérément de sauver sa place, ainsi que l'a fait Freud à une époque où son poste était déjà branlant. Même si des hebdomadaires à gros tirages se font les chantres des « nouveaux pères », on n'est pas bien sûr que du père, il en reste ailleurs que dans les endroits du monde où ils ont un Petit Père des peuples. En France, la mort déjà lointaine du bon général de Gaulle[6], dernier père des Français, n'a rien arrangé. Heureusement, nous avons les droits de l'Homme ; n'ont-ils pas supplanté, en France comme en Occident, la loi du père ? Mais si c'est le cas, ils sont davantage du côté des masses que de l'exception qui caractérise le père.

Revenons à Œdipe. Qui est-il ? C'est l'homme qui résout la fameuse énigme : « Qui marche d'abord à quatre pattes, puis à deux pattes, puis à trois ? », en répondant : « L'homme ». Donc, selon Lacan, il accède à un savoir universel, alors qu'il méconnaît complètement son destin singulier. En effet, il n'a pas compris l'oracle de Delphes, qui lui a pourtant annoncé clairement ce qui allait lui arriver. Il bouche, colmate la vérité avec du savoir. Et cela finit mal, puisqu'il paie son refus d'y voir clair en se crevant les yeux, au moment où, son sort réalisé, il n'est plus rien. Le chœur dit alors pour lui : « Mieux vaut, en fin de compte, n'être jamais né, et si l'on est né, mourir le plus vite possible », ce qui révèle que le fin mot du désir, son horizon, c'est la mort.

Le cas d'Œdipe n'est pas isolé : les névrosés sont tous des Œdipe. Leur passion de la vérité cache l'ignorance du savoir inconscient. Ils achètent des livres savants, des encyclopédies, mais… ils quittent leur femme pour la première greluche venue, se battent pour des causes qui ne sont pas les leurs, commettent des lapsus et des actes manqués à répétition, et tout cela, *sans savoir*, sans comprendre le pourquoi du comment.

[6] Une page de publicité ne se refusant jamais, nous renvoyons ici à notre ouvrage, *Le général de Gaulle à la lumière de Jacques Lacan*, L'Harmattan, 2001.

Refrain : au lieu de vous égosiller avec Patrick Bruel sur sa chanson *Casser la voix*, reprenez tous en chœur : *Crever les yeux*, qui pourrait en être la version *customisée* pour les congrès de psychanalyse.

Sources : Freud, *Abrégé de psychanalyse ;* Lacan, *Le Séminaire III, Les Psychoses ; Le Séminaire VII, L'Éthique de la psychanalyse ; Le Séminaire XVII, L'Envers de la psychanalyse ; Le Séminaire IV, La Relation d'objet…*

L'hystérique préfère se priver (avec la Belle Bouchère)

Aux origines de la psychanalyse, il y a des femmes. Se prêtant aux bons soins des « docteurs », elles ont permis la découverte de l'inconscient, laissant une fois de plus aux hommes le bénéfice d'exploiter ce qu'elles avaient à dire. C'est grâce aux hystériques que Freud a inventé la psychanalyse, et d'elles il a tout appris, en les écoutant. Il paraît que le meilleur endroit pour apprendre une langue, c'est l'oreiller : pour Freud, cela a été le divan. Il est vrai que les hystériques produisent du savoir, font bosser les autres. D'ailleurs, c'est pour cela que Lacan disait que Socrate était le plus sublime des hystériques ! Le jour où il y aura une chaire de psychanalyse au prestigieux Collège de France (doit-on espérer ce moment, ou le redouter ?), l'hystérique aura un buste quelque part dans Paris, puisqu'elle est sans aucun doute la Marianne de l'inconscient. Comme elle est généralement une femme, on propose que le monument commémoratif s'érige rue Madame, ou rue Mademoiselle.

« C'est dans le mouvement même de parler que l'hystérique constitue son désir », affirme Lacan ; parler, parler, quitte à se priver, voilà le *credo* de celle-ci. Prenons un exemple d'hystérique avec un cas de Freud relu par Lacan, « la Belle Bouchère ». On l'imagine sensuelle, indifférente aux problèmes existentiels ; elle ressemble à la paresseuse immortalisée par la chanteuse Caroline Loeb dans le tube des années 1980. *C'est la ouate*. Comme elle n'est pas très active, elle a beaucoup de temps pour déguster des plats fins et inviter ses amis à dîner. Elle est en analyse chez Freud, et voici le rêve qu'elle lui raconte : « Je veux donner un dîner, mais je n'ai pour toutes provisions qu'un peu de saumon fumé. Je voudrais aller faire des achats, mais je me rappelle que c'est dimanche après-midi et que toutes les boutiques sont fermées. Je veux téléphoner à quelques fournisseurs, mais le téléphone est détraqué. Je dois donc renoncer au désir de donner un dîner. » En fait, elle entend mettre Freud à l'épreuve, puisque la thèse de Freud est que le rêve est l'accomplissement d'un désir, alors qu'au contraire dans le rêve de la belle alanguie le désir ne s'accomplit pas.

Vraiment ? Regardons-y de plus près. Le désir ne s'accomplit pas parce qu'elle *ne veut pas* qu'il se réalise. De même, dans la « vraie » vie, elle souhaite manger tous les jours du caviar, mais elle ne se l'accorde pas. Si elle en parlait à son mari, il accepterait, mais elle veut, au contraire, qu'il l'en prive. La bouchère désire quelque chose, puis met tout en œuvre pour que son homme ne le lui donne pas, pour pouvoir le taquiner et lui demander de l'amour, c'est-à-dire un rien donné par l'autre. Elle désire avoir un désir insatisfait, et il ne faut pas croire qu'il s'agit d'un raffinement pour gens aisés : cette femme est une hystérique, et les hystériques travaillent avec ardeur à se priver.

Mais revenons au rêve. Ce caviar que la bouchère désire y apparaît sous la forme du saumon fumé. Pourquoi du saumon fumé ? Parce que c'est le plat préféré de son amie, à laquelle elle s'identifie, et dont elle est jalouse parce qu'elle plaît à son mari. Le désir de la bouchère est donc désir du désir de l'autre, ce qui signifie à la fois le désir qui est chez l'autre et le désir qu'elle a pour l'autre. « Le sujet hystérique se constitue presque tout entier à partir du désir de l'autre », résume Jacques Lacan. Dans le rêve, le désir peut être satisfait, mais seulement pour l'autre, par l'intermédiaire d'une autre. Plus fort encore, pour Lacan, le rêve de la bouchère est un désir de désir : désir de voir son mari *désiré par* son amie, ou son mari *désirer* son amie (au point de risquer de le perdre).

Comme l'a exprimé le psychanalyste par un jeu de mots que nous vous avions gardé pour la bonne bouche, « la belle bouche erre ». Mais désirer par l'entremise de quelqu'un d'autre n'est pas rare. Prenons une situation très simple, digne des meilleures feuilles du magazine féminin *Marie-Claire*. Jean-Paul, aussi attirant qu'un John-John Kennedy consacré « l'homme le plus séduisant du monde » avant son tragique décès, vous aime. Il vous fait part de ses sentiments par *e-mail*, et vous recevez sa déclaration d'amour au travail ; vous vous confiez à vos collègues féminines en faisant circuler le message : elles sont énamourées et s'identifient à vous. Quand il rompra, vous verrez que tout le bureau paysager où vous travaillez éclatera en sanglots. Le désir du désir de l'autre est un jeu sans fin, et du reste il se poursuit ci-après.

Sources : Freud, *L'Interprétation des rêves ;* Lacan, *Le Séminaire V, Les Formations de l'inconscient.*

L'hystérique, suite : celle qui désire le désir (avec Dora)

Voilà encore une hystérique, et celle-ci est plus cérébrale que la belle bouchère, qui n'aime rien autant, on vient de le voir, que de manger des bonnes choses et papouiller son petit mari. « Dora », un cas de Freud relu par Lacan, est très célèbre. Pour le téléspectateur averti, son histoire est ce que l'on appelle dans les programmes de télévision une « comédie dramatique ». Une famille de la bonne bourgeoisie en fréquente une autre, les K. Il y a quatre personnages : le père de Dora, qui apprécie la compagnie de la ravissante Madame K ; Monsieur K (imaginons-le sous les traits de l'acteur Charles Denner, doté d'un charme ténébreux mais puissant), sensible au charme de Dora ; et Dora elle-même, qui se montre complaisante vis-à-vis de l'aventure du père.

Dans cette histoire, on ne couche pas, ou fort peu. Car le père de Dora est impuissant avec Madame K ; peu importe d'ailleurs, puisque Dora paie de sa personne pour compenser la défaillance de son père. Elle « soutient son désir par procuration », analyse Lacan : son désir, à elle, c'est d'étayer le désir de son père en favorisant son aventure et, plus largement, de soutenir le désir de l'homme. Mais tout s'arrête un beau matin, quand Monsieur K la serre dans ses bras en disant « Ma femme n'est rien pour moi », pour signifier qu'il n'a plus envie de sa femme. Dora, furieuse, le gifle : il rompt le circuit qui lie ce quatuor, et alors elle cesse de jouer. Pour que le jeu fonctionne, il faut qu'elle puisse désirer Madame K par le truchement d'un homme. Elle désire le désir, et son désir a pour vocation de rester inassouvi ; c'est la seule stratégie pour désirer indéfiniment !

Dora sort donc du *loft*, quitte les autres participants, et la comédie est finie. Elle va voir Freud, dénonce comme odieux ces échanges entre Monsieur K et son père, dont Madame K et elle-même seraient les objets. Une sorte de traite des blanches entre gens bien élevés ? C'est d'abord ce qu'elle dit : elle se pose comme étant la « belle âme » qui s'insurge contre le monde au nom de la loi de son cœur. Elle se lamente : le monde est mal fait ! Mais en y regardant bien, elle est consentante dans ce jeu, elle y prend part, et elle aime cela : donc elle a sa part de responsabilité dans le désordre des choses.

Avec Dora, Lacan pense que Freud se prend un peu les pieds dans le tapis – qu'il avait pourtant persan. Il croit qu'elle est amoureuse de Monsieur K ; peut-être, en bourgeois rangé qu'il est, Freud rêve-t-il de la marier avec. Mais les choses sont plus compliquées. C'est par l'intermédiaire de Monsieur K, auquel elle s'identifie, que Dora désire, et elle désire Madame K. Celle-ci, avec son beau corps, est pour elle l'incarnation de la question : *qu'est-ce qu'une femme ?* C'est une interrogation essentielle, car il n'existe pas de concept univoque pour dire ce qu'est une femme : pas d'essence, de résumé, de féminité.

D'où la phrase provocatrice de Lacan : « La Femme n'existe pas. » C'est fort, mais c'est probablement pour cela que les femmes achètent des magazines féminins, pour savoir ce qu'est une femme ! Cette question fondamentale est le fond de commerce de ce type de presse, pour insignifiant qu'il paraisse. Il met en scène les femmes, les habillent, les déshabillent, les conseillent – pour que chacune d'entre nous soit une femme, chose que nulle n'atteint jamais. C'est faute de pouvoir être *La* Femme qu'*une* femme généralement s'habille en femme, se maquille, se pare de bijoux, etc.

Morale : l'hystérique carbure au désir, elle n'est rien d'autre qu'infini désir de désir, au point de s'en faire la boussole : il suffit de suivre son regard à elle pour savoir où il est.

Sources : Freud, *Cinq psychanalyses ;* Lacan, *Le Séminaire I, Les Écrits techniques de Freud ; Le Séminaire III, Les Psychoses ; Le Séminaire IV, La Relation d'objet ; Le Séminaire XVII, L'Envers de la psychanalyse.*

L'obsessionnel (avec l'Homme aux rats) : est-il vivant ou mort ?

Il est une autre façon d'être névrosé que l'hystérie, c'est la névrose obsessionnelle. Des névrosés obsessionnels, vous en avez sans aucun doute autour de vous. Généralement, c'est un homme, il est assez ennuyeux, il refuse de danser dans les soirées, hésite longtemps avant de prendre une décision ; il est toujours en train de demander la permission, il a plein de petites manies, certes inoffensives, mais qui sont quand même énervantes (du genre : vérifier trois fois que les robinets sont fermés avant de sortir). C'est le genre de type dont on dit : il est « mortel », et on ne se trompe pas, car la question fondamentale qu'il incarne, c'est : « Suis-je vivant ou mort ? »

À l'image d'une construction de Vauban, il est *fortifié*. Il se sert pour cela du langage, en élaborant une multitude de prières et de supplications. Cela explique que, caparaçonné de ses empêchements, de ses inhibitions, de doutes, de craintes, de barrages, d'interdictions, il fasse généralement un excellent chrétien, mais aussi un bureaucrate modèle. Et au centre des murs de fortification qu'il bâtit, il y a quoi ? Un labyrinthe. On vient de dessiner la carte de l'obsessionnel, et en voici la légende : « Tout se vaut, puisque c'est toujours la mort qui gagne, donc tout est de la merde ». Phrase définitive, qui lui permet d'éluder la question du sexe, de ne pas se demander s'il est homme ou femme.

Tel un crocodile au fond d'un marigot, il cultive des rivalités remâchées et assez vaines. S'il souhaite détruire l'autre, il retourne finalement son agressivité contre lui-même. Selon Jacques Lacan, il tente d'annuler le désir de l'Autre, alors que l'hystérique, par opposition, a besoin du désir de l'Autre comme la terre a besoin d'eau. Pour schématiser, l'obsessionnel, qui mène sa vie comme un simple emploi du temps, est souvent bonnet de nuit, alors que l'hystérique, elle, est volontiers casse-pieds et faiseuse d'histoires. Quand lui doute, elle se pose des questions, tous deux s'entendent donc plutôt bien, et forment généralement des couples harmonieux, enfin autant qu'il est possible à un homme et à une femme.

« L'Homme aux rats », un cas de Freud, auquel Lacan fait référence de temps à autre, est un bel exemple de névrose obsessionnelle, avec la mort comme toile de fond de son histoire. Il est hostile vis-à-vis de son père qui, pense-t-il, lui interdit d'épouser la dame de ses pensées, dont le moindre défaut est d'être pauvre. Il éprouve des vœux de mort à l'égard de son père et, celui-ci une fois décédé, il refuse de reconnaître sa mort. La relation de ce type à celle qu'il aime n'est pas moins complexe, et il y a concurrence entre sa dame et son père dans son inconscient ; il voue à cette femme « un culte mortifiant ». Il souffre d'idées obsédantes, et craint qu'un châtiment affreux ne soit imposé à son père et à sa dame, sous l'aspect de rats qui les dévoreraient de l'intérieur. Dans sa tête, il compte tout en rats, même le nombre de fois qu'il fait l'amour (mais ce n'est pas souvent) ; il paie en « rats » ses séances d'analyse, le rat c'est sa monnaie. Plus généralement, le rat est son symptôme, c'est-à-dire sa façon de jouir et de souffrir de l'inconscient.

Ce que Freud interprète, c'est qu'il s'identifie à son père qui, jeune, s'est marié avec une jeune femme riche alors qu'il en aimait une démunie. Le fils, hésitant entre deux femmes, est dans la même situation, et c'est ce qui lui permet de poser son désir comme impossible. De plus, il y a une dette que le père n'a pas payée à un de ses amis. La névrose de l'homme aux rats est la double conséquence de la dette paternelle et du désir auquel il a renoncé. Au demeurant, nombre d'entre nous, obsessionnels ou pas, nous échinons à tenter de nous libérer des dettes de nos parents – cette dette, c'est finalement la parole qui l'engendre. Ainsi se transmet la névrose, parfois sur plusieurs générations : on en hérite comme d'un portefeuille d'actions, mais c'est plus lourd à assumer !

Fin de l'homme aux rats : malgré sa cure chez Freud, notre homme a quand même fini par épouser la mort. Il s'est fait tuer pendant la guerre de 1914-1918 – dans des tranchées pleine de rats… Cela s'appelle le destin !

Sources : Freud, *Cinq psychanalyses ;* Lacan, *Le Séminaire V, Les Formations de l'inconscient ; Le Séminaire IX, L'Identification ; Le Séminaire X, L'Angoisse.*

Être fou n'est pas donné à tout le monde

Si Freud ne faisait pas la différence entre ceux qui sont fous et ceux qui sont névrosés, pour Lacan le *distinguo* a son importance. Pour lui, il n'y a que trois principales catégories d'individus : les fous, les névrosés et les pervers (mais à la fin de son enseignement, la distinction n'était plus aussi tranchée). C'est dire que la norme n'existe pas ; vous vous croyez normal ? Quelle erreur ! Nous sommes tous des cas. Au demeurant, une fois le diagnostic posé, tout un chacun est singulier au regard de la psychanalyse : celle-ci fait du sur mesure, pas du prêt-à-porter de masse. D'autant que pour elle, il ne s'agit pas de séparer les « normaux » de ceux qui ne le sont pas, mais plutôt ceux qui réalisent leurs désirs de ceux qui n'ont pas ce courage.

Expliquer ce qu'est un fou nécessite un petit détour par les trois registres isolés par Lacan, qui constituent l'armature de la réalité psychique humaine. L'inconscient s'organise selon trois instances, le réel, l'imaginaire et le symbolique, qui tiennent ensemble à la manière de la liberté, de l'égalité et de la fraternité : c'est un bricolage. Le réel, d'abord, est tout ce sur quoi vous n'avez pas de prise : votre date de naissance, un tremblement de terre… Vous ne pouvez rien y faire, c'est comme cela, et c'est même tellement comme cela que l'on ne peut pas l'éviter, ni véritablement le penser. « Le réel, c'est l'impossible », affirme Lacan, anticipant de quelques années le célèbre slogan de mai 1968, « Soyez réalistes, exigez l'impossible ».

L'imaginaire, quant à lui, peut être représenté par ces deux personnages de bande dessinée très semblables et qui ne cessent de s'asséner des coups de gourdin sur la tête dans un exercice sans fin dont le rythme s'accélère jusqu'à ce que les deux protagonistes s'enfoncent dans le sol ; la relation imaginaire est inexorable, fascinante et sans issue. Plus généralement, l'imaginaire s'incarne dans des images.

Et le symbolique ? Il intervient comme un arbitre par rapport aux deux registres précédents. Il désenglue le désir de l'imaginaire en lui imposant une loi extérieure, généralement par l'action du père. Mais parfois il y a un *bug* dans la machine, et quand il n'y a pas de support à cette loi, il est possible qu'un enfant devienne fou. Ce qui n'est pas toujours un désastre, car le fou ne ressemble pas forcément au psychopathe inquiétant qui hante le film *Harry, un ami qui vous veut du bien* !

Être fou n'est pas une tare – parfois, c'est même une chance ! Il y a des fous géniaux et qui, de plus, s'en tirent très bien dans la vie, et ce, sur tous les plans. Jacques Lacan a toujours mis en avant la dimension de création de la folie : ce n'est pas *en dépit* de leur psychose que certains (mathématiciens, artistes, écrivains…) sont créatifs, mais au contraire *grâce* à elle. Dans le domaine du politique, Lacan donne l'exemple de Jean-Jacques Rousseau, écrivain dont les idées ont eu une grande influence sur la Révolution française et ses idéaux : il faut bien reconnaître que Jean-Jacques était un peu détraqué. Parfois, la névrose, considérée comme plus acceptable socialement, fait beaucoup plus de ravages que la psychose. N'est-il pas plus enviable d'être un Louis II de Bavière notoirement déséquilibré, mais flamboyant constructeur de châteaux, qu'un homme politique comme Édouard Balladur, bien plus stable, mais déjà démodé, car empêtré dans son goitre ? Le débat est ouvert ; comme on dit, cela se discute.

Mais qu'est-ce qu'un fou ? Le docteur Lacan répond : le fou, c'est quelqu'un qui manifeste des troubles dans l'ordre du langage. Il produit des néologismes, c'est-à-dire qu'il crée des mots qui n'existent pas, qui sont discordants par rapport au langage commun. Ou bien il utilise des mots dans un sens autre que celui qui est couramment admis. Cela peut donc être très utile pour ceux qui veulent devenir écrivain – bien sûr, tous les écrivains ne sont pas fous. Le fou, quand il écrit, qu'est-ce qu'il fait ? Il puise dans le grand ventre de la langue, où s'est déposé tout ce qui a été inventé au fil des siècles, et il la subvertit en portant atteinte au code qui la régit. C'est le cas par exemple de Raymond Roussel, écrivain très créatif, qui n'a cessé de jouer avec les mots, de les manipuler et de les faire proliférer, afin de mettre en marche toute la machinerie du langage. Ce plaidoyer en faveur du fou doit être nuancé : il y a tout de même plus de fous dans les hôpitaux psychiatriques que dans le catalogue des éditions du Seuil !

Une façon de reconnaître le fou : il a, à l'occasion, des hallucinations. Prenons un petit exemple tiré d'un cas de Freud, « L'Homme aux loups », et repris par Lacan. Voici ce que l'homme aux loups raconte à Freud : un jour, étant enfant, il croit s'apercevoir avec « une inexprimable erreur » qu'il s'est coupé le petit doigt (en fait, ce n'est pas vrai), et que celui-ci ne tient plus que par un petit bout de peau. Il est catastrophé, n'ose en parler à personne. Qu'est-ce qui lui arrive ? Lacan explique qu'il n'y a pas eu pour lui de père qui fasse la loi à la mère ; par l'hallucination, ce qui n'est pas symbolisé fait retour dans le réel : ce n'est pas son désir qui trouve une limite dans la loi édictée par le père; à la place, c'est son doigt qui est coupé. Ce qui est rejeté du symbolique reparaît dans le réel ; notre homme « zappe » d'un registre à l'autre, parce qu'il y a quelque chose qu'il ne peut pas penser, qui lui est forclos.

Pour trancher : c'est le sujet lui-même qui décide s'il est fou ou pas, en ce que Lacan appelle une « insondable décision de l'être ». Voilà quelque chose qui n'est pas matière à calcul ou à l'anticipation des statisticiens ! Mais « ne devient pas fou qui veut », ajoute le psychanalyste. On le voit, il laisse sa place au libre arbitre ; ce qui est un risque peut être aussi une chance.

Sources : Freud, *Cinq psychanalyses ;* Roussel, *Comment j'ai écrit certains de mes livres ;* Lacan, *Les Écrits, « Propos sur la causalité psychique » ; Le Séminaire I, Les Écrits techniques de Freud ; Le Séminaire III, Les Psychoses.*

Un fou épatant : le président Schreber, qui est demandé en mariage par Dieu

Un beau spécimen de fou d'asile : le président Schreber. Il est fou comme un bourdon et, en général, quand on a quelqu'un comme cela dans sa propre famille, on le cache, ou au moins on s'abstient pudiquement d'en parler. Schreber le paranoïaque avait pourtant tout pour réussir : un mariage heureux, un métier valorisant, une ascension sociale rapide. Trop rapide peut-être : à la suite d'une très importante promotion professionnelle (il devient président de chambre à la

Cour d'appel de Dresde), il commence à délirer, et croit qu'il vit une histoire d'amour avec Dieu.

Il est aux prises avec un Dieu jouisseur qui veut profiter de son corps contre les formes légales. Comme il est juriste, il a raison de s'insurger ! Lui est du côté de la loi, et son Dieu, qui est du côté de la jouissance, est à son égard un Autre persécuteur. Il ne s'agit pas pour Schreber de comprendre ce que cela veut dire, mais de s'y conformer, d'accepter la volonté divine. Il affronte cette expérience unique, qu'il raconte dans ses précieux *Mémoires*, témoignage extraordinaire que Freud avait déjà commenté, et que Lacan a relu.

Schreber y raconte comment il a dû subir une série de transformations physiques (lui seul les voit) pour « être la femme qui manque à Dieu ». Comme à ce moment-là il va très mal, cette identification est sa seule planche de salut. Mais il n'est pas pressé de s'unir à l'Être suprême, et son mariage est reculé à l'infini. Quand il sera célébré, leur union donnera naissance à une nouvelle génération de petits Schreber métissés avec Dieu, qui régénéreront l'humanité. Sacrée affaire ! Un président de tribunal qui s'imagine en transsexuel pour obéir à ce qu'il croit être un fantasme divin, cela n'arrive pas tous les jours !

Mais, selon Lacan, cela ne lui arrive pas n'importe quand. Au moment où, dans sa carrière, il se voit mis dans une position d'autorité qui le pousse à assumer une position paternelle, Schreber déclenche sa psychose. Ce qu'est « être un père », il ne peut le penser, le mot ne répond à aucun concept. De même, pour certains, la réussite à un concours, le fait de se marier, de devenir parent d'un enfant, peut avoir des conséquences funestes. La théorie de Lacan est la suivante : ce qui dans le symbolique n'a pas pu s'inscrire (c'est la « forclusion du Nom-du-père ») se trouve suppléé par l'imaginaire : le délire est un moyen de boucher un trou, une tentative de guérison. À la place d'« être un père », ce que Schreber ne peut concevoir, il sera la mère d'une humanité nouvelle. Cette féminisation est ce que Lacan appelle le « pousse-à-la-femme », trait présent dans un certain nombre de psychoses.

Le président Schreber est alors *parlé* davantage qu'il ne parle, sa langue est disloquée, les mots qu'il emploie renvoient à un sens glissant qui n'est pas le sens habituel. Il est clair qu'il ne peut partager ce qu'il ressent dans le langage des autres. Schreber a deux types d'hallucinations : des hallucinations de voix qui lui enseignent ce qu'est le code de l'énigmatique langue fondamentale parlée par Dieu, et des messages qui ne viennent jamais à leur terme, le laissant en suspens. Le code et les messages jouent leur partie de façon indépendante.

Qu'est-ce qui se passe quand les connexions réciproques disparaissent, quand le cercle de l'identification entre code et messages est interrompu ? Pour transposer tout cela dans un autre domaine, prenons un exemple : imaginez un disque-jockey dans une boîte de nuit ; sur une musique qui fournit le refrain et le rythme (ici, le code), le DJ astique un disque vinyle auquel il arrache des couinements (les messages). Si les bruits entrent en correspondance avec la musique, le DJ impose sa manière, et la fête est un succès ; si le code et les messages restent disjoints, la musique est peut-être très originale, mais vraisemblablement discordante.

Conclusion décalée sous la forme d'un proverbe juif : se marier hors de la communauté, c'est risquer la cacophonie (à l'instar de Schreber qui, se voyant destiné à épouser Dieu, est *parlé* par une langue bien peu harmonieuse).

Sources : Freud, *Cinq psychanalyses ;* Schreber, *Mémoires d'un névropathe ;* Lacan, *Les Écrits, « D'une question préliminaire à tout traitement possible de la psychose » ; Autres Écrits, « L'Étourdit » ; Le Séminaire III, Les Psychoses.*

Tchoang tseu,
ou le moi pris dans un filet à papillons

Le moi est un mirage. Pour l'illustrer, Jacques Lacan reprend une parabole du Chinois Tchoang tseu, penseur taoïste du IIIe siècle avant notre ère. Dans son sommeil, il est un papillon ; une fois qu'il est réveillé, il se demande : n'est-ce pas plutôt moi qui hante le sommeil du papillon ? À première vue, cette histoire planante a l'air d'être réversible : si vous rêvez que vous êtes un papillon, il se pourrait très bien que le papillon rêve qu'il est vous, et alors vous n'êtes qu'une création de l'esprit de la bestiole. Vous croyez vous appeler Jean-François Martin, être cadre dans une entreprise, posséder un pavillon dans une banlieue résidentielle ? Eh bien pas du tout, un matin vous vous apercevez que vous n'existez que dans le cerveau ensommeillé de votre canari – quel cauchemar ! Cela ferait un formidable scénario de film, et David Cronenberg, cinéaste auteur du film fantastique *La Mouche*, songe, paraît-il, à une adaptation.

Mais revenons à Lacan. Dans cette parabole l'intéresse l'absence de symétrie entre le rêve de Tchoang tseu et ce qui serait le rêve du papillon. Pourquoi ? Parce que quand Tchoang tseu est éveillé, il se pose des questions sur lui-même, du genre : « Qu'est-ce qu'être Tchoang tseu ? » En effet, son identité lui est conférée par ses amis, sa famille, ses proches. La vérité du sujet se décide en dehors, il est « en lui-même » un rien, un vide sans aucune consistance. Il serait fou de penser que les autres le traitent comme Tchoang tseu parce qu'il l'est déjà en lui-même ; toute personne se construit par les autres, qui la prennent dans le filet à papillons de ce qu'ils pensent et disent sur elle. La condition pour être soi-même, c'est de se demander si l'on est vraiment soi-même, tandis que le lépidoptère du rêve, lui, ne se pose aucune question, il *est* le papillon, d'un bloc.

Il y a pourtant des gens qui se prennent pour ce qu'ils sont. Ils incarnent leur rôle au point de croire que c'est leur mission. Pour Lacan, la folie, c'est l'immédiateté de l'identité, puisque celle-ci ne peut s'établir que par l'enremise de l'autre. Il y a un lien entre folie et liberté : le fou est libre, il *est* sa liberté, n'attendant pas des autres qu'ils lui confèrent une identité. Il contraste avec celui qui *fait* sa liberté, au sens où il la fait reconnaître par les autres. « Si un homme qui se croit un roi est fou, un roi qui se croit un roi ne l'est pas moins », avertit le psychanalyste.

S'y croire, c'est grave, docteur ? Oui, assez. Quand cela arrive, les gens autour de vous commencent par pouffer de rire, avant de prendre une mine consternée – sauf quand vous vous appelez Staline ou Hitler, et là, très vite, ils filent doux. Quant à Bonaparte, se prenait-il pour Napoléon ? Selon Jacques Lacan, pas du tout, il n'était pas dupe, mais il l'a fait croire. Politiquement, cela l'arrangeait bien, et puis c'était le meilleur moyen d'entrer dans la postérité ! D'ailleurs, même Las Cases, son mémorialiste, y a cru. Cette question du rôle et de la distance au rôle, on se la pose parfois avec des grandes stars de cinéma, comme Marlon Brando : se prend-il pour lui-même ? Nul ne le sait.

Quant au névrosé, sans pour autant *s'y croire*, il croit que son moi résume sa personne, alors il s'accroche à cette prothèse où il croit indispensable de s'abriter. C'est pour cela que Lacan dit que son moi est « fort » ! Cela peut paraître fort de café, mais cela signifie qu'il est fort parce qu'il est défendu, un peu à la manière des États : qu'est-ce qu'un « État fort », sinon un État qui lutte contre lui-même avec une surenchère de moyens policiers et militaires ?

En fait, dès lors que le moi ne constitue pas une synthèse de la personne, il n'est rien d'autre qu'un mirage. C'est une couverture constituée de strates imaginaires, un oignon retranché en couches d'identifications successives. S'il n'existe pas en tant que tel, chacun d'entre nous croit à son « moi », et le malentendu commence tout petit déjà, lors du célèbre « stade du miroir » théorisé par Lacan. L'enfant entre 6 et 18 mois rencontre « son » reflet dans un miroir qui structure le corps comme forme imaginaire. Alors, il jubile, il s'identifie à son image ; son « moi » s'établit comme une fiction, sous le regard d'un adulte qui confirme : « oui, c'est bien toi ».

Donc le « moi », cet homme de paille, ce prête-nom, ne doit pas être confondu avec le sujet, dont il n'est rien d'autre que le cache-misère. Si le moi est illusoire, le sujet est divisé. Plus pécisément, ce dernier ressemble à la case vide qui navigue au centre du jeu du « pousse-pousse », ce rectangle où figurent des lettres de l'alphabet inscrites sur de petits carrés mobiles. La case vide voit ses positions successives déterminées par les mouvements des lettres qui évoluent sur le petit jouet en forme de mots croisés. Bref, nous sommes tous manipulés, inutile de crier « pouce » !

Sources : Tchoang tseu, *Le Rêve du papillon ;* Lacan, *Les Écrits, « Propos sur la causalité psychique » ; « Le stade du miroir » ; Le Séminaire XI, Les Quatre Concepts fondamentaux de la psychanalyse.*

7 – Le pouvoir, l'ordre et la loi

Le père mort fonde l'universel (avec Moïse)

Moïse est un personnage biblique que l'on imagine barbu, pas commode, drapé d'une toge seyante et agrippé à des tablettes d'argiles couvertes de pattes de mouche. Tout le monde le sait, il est à l'origine de la loi, et donna aux hommes les dix commandements (qui ne sont pas seulement le nom d'une comédie musicale à succès). Cela ne lui porta pas chance, puisqu'il n'arriva jamais à la Terre promise. De même que certains voulurent construire le socialisme dans un seul pays, Moïse tenta de faire le judaïsme dans un seul pays – sauf que de pays, il n'en avait même pas. Il a inspiré Freud, qui l'a « revisité » sous la forme d'une élucubration échevelée mais plaisante, qu'il déploie dans *L'Homme Moïse et la religion monothéiste*, un livre qui raconte de façon très personnelle les origines du judaïsme.

Selon Freud, il y a eu deux Moïse. Un premier Moïse, égyptien, fut l'inventeur du monothéisme, et termina assassiné par son menu peuple idolâtre, constitué de Juifs. Puis, une horde de sauvageons s'allia avec les survivants de la secte des adorateurs du premier Moïse, et la religion monothéiste se mélangea à un culte païen, celui du dieu des volcans. Un long temps de « latence » s'ensuivit, où le souvenir du meurtre a été enseveli, refoulé, jusqu'au moment où le monothéisme fit un retour pour triompher. La religion juive manifesterait dans ses contradictions la coexistence de ces deux Dieux qui se superposent. On le voit, c'est franchement tiré par les cheveux : le meurtre oublié expliquerait l'important sentiment de culpabilité des Juifs. *Oye, oye, oye*, ma mère, c'était donc cela…

Autant le dire clairement, pour Jacques Lacan, le Moïse de Freud est un mythe de l'origine. Le monothéisme marque l'origine unique du père, il sert à l'affirmer, puisque si la mère est certaine (on sait toujours qui est la mère), pour le père, c'est plus délicat. Savoir qui est son père, savoir ce que c'est que d'être un père, voilà sans doute deux questions qui ne peuvent jamais recevoir de réponse. La seule chose que pourrait dire le père pour répondre à la question fondamentale de sa fonction, c'est «j'ai fait l'amour», et c'est un peu court. Comme personne n'est jamais vraiment père, Lacan souligne sa réalité éminemment abstraite, symbolique, voire sacrée. Du reste, il n'y a pas vraiment d'image du père : par contre, dans les pays catholiques, il y a des images de la mère partout : un fils mort, une sainte mère et *basta*.

Puisque l'on ne sait pas bien ce que c'est qu'un père, celui-ci a besoin d'un numéro pour être reconnu, comme les rois des dynasties. D'où la phrase de Lacan : «le père est un numéro». Si on numérote le père, on peut remonter jusqu'au père originel ; tel Tarzan qui se déplace de liane en liane, on remonte la suite des nombres entiers : 6-5-4-3-2-1-0. Non, il ne s'agit pas de faire décoller la fusée *Ariane*, mais d'aller jusqu'au début du début ; l'arithmétique est-elle autre chose qu'un compte à rebours pour retrouver le père ? Ce n'est pas un hasard si le meurtre de Jésus, lu par Freud comme un meurtre du père, est suivi de l'an zéro. On peut le dire, Moïse, Jésus, quels sacrés numéros !

Puisque dans le réel il n'y a pas de père, il faut, selon Jacques Lacan, que le père, le vrai père, le seul père, soit le père mort. Ce père mort, à quoi sert-il ? Il sert à fonder le droit. En position d'exception, il «unie», il ressemble, il solidifie un groupe. Cela nous concerne au premier chef, nous les Français, puisque l'on a coupé la tête du roi en 1789 pour mettre en place la république (pardon : la République, avec un

R majuscule). Pas de droit sans violence, et la mise à mort de Louis XVI, si elle a été nécessaire pour fonder un pacte social, a été refoulée. Refoulée, mais pas oubliée, et le traumatisme persiste, la succession des républiques étant probablement à tout jamais marquée d'un lien sanguinaire entre gouvernants et gouvernés.

Donc, le père mort a plus de travail que le père Noël : il travaille toute l'année, puisque sans ce point mythique il n'y a pas de société qui tienne.

Sources : Freud, *L'Homme Moïse et la religion monothéiste ;* Lacan, *Le Séminaire IV, La Relation d'objet ; Le Séminaire V, Les Formations de l'inconscient ; Le Séminaire VII, L'Éthique de la psychanalyse ; Le Séminaire XVIII, D'un discours qui ne serait pas du semblant.*

Le début (avec la cause de Hume)

Qu'est-ce qu'il y a au début ? Sacrée question… Voilà ce que nous en dit *Dune*, un film de science-fiction de David Lynch, morceau de bravoure onirique qui montre la libération d'une planète d'esclaves par un étranger venu de l'espace : « Le commencement est toujours un moment délicat. » Cela oui, on peut le dire. Lacan le dit aussi, il n'y a de création qu'*ex nihilo*, c'est-à-dire que là où il n'y a rien, d'un coup il y a quelque chose. Comment ? C'est bien là qu'est le problème. Examinons de façon très terre-à-terre cette affaire de commencement. Soit on recherche ce qu'il y a à l'origine, et on considère un œuf en affirmant sans autre forme de procès : « au début il y a l'œuf », soit on isole des liens entre les choses et on énonce avec componction : « l'œuf est pondu par la poule ».

Le docteur Lacan, à la suite de l'Anglais Hume (philosophe du XVIIIe siècle dont la pensée privilégie la discontinuité), a tenté de débrouiller cette question. Il distingue la cause et la loi ; la première est impensable, bancale : la cause de quelque chose, c'est ce qui fait qu'il y a un passage entre le rien et le quelque chose, entre le zéro et le un. « Il n'y a de cause que de ce qui cloche », résume Lacan. Par exemple, que le spermatozoïde soit la « cause » d'un être humain est tout de même difficile à concevoir. La cause est erratique, insaisissable, alors que la loi, au contraire, est la régularité même. Là où il y a une loi, les choses se passent de façon automatique : « je fais bouillir de l'eau, elle s'évapore ». On comprend que la cause s'entrechoque avec la loi. Cela peut du reste être fort drôle : l'acteur Louis de Funès, dans la série de films comiques *Le Gendarme à Saint-Tropez*, incarne un personnage survolté, véritable grain de sable dans une machine bureaucratique qui se devrait pourtant de fonctionner sans accrocs, et conformément au règlement. C'est l'électron libre, la *cause* du film !

La cause, parfois, c'est un acte : celui-ci relève de la contingence d'une décision, il inscrit un chahut dans l'ordre des événements. L'Appel du 18 juin 1940, décidé unilatéralement par de Gaulle, qui engendre la Résistance, est un exemple d'acte. Par contre, l'Appel de Cochin, harangue anti-européenne lancée en 1978 par Jacques Chirac, n'est pas un acte : la preuve, c'est qu'il n'y a personne qui soit fichu de se souvenir de quoi il retourne, alors que tous les Français savent ce qu'est le 18 juin ! En général, la parole c'est du blabla, mais, selon Jacques Lacan, parfois elle *cause*, elle a des effets dans le réel, comme quand vous dites à quelqu'un « tu es ma femme » ou « tu es mon maître » : cela signifie que vous vous engagez à être un mari, ou à être un fidèle compagnon et serviteur.

Pour Lacan, au commencement était le verbe (au sens de : le signifiant), comme dans la Bible. De la part d'un psychanalyste, il faut bien dire qu'une telle profession de foi n'étonne guère. S'il avait dit « au commencement était le glaive », à la manière du général de Gaulle, on aurait pu à bon droit s'interroger. Pourtant, il ne suffit pas de parler pour agir. Parce que pour que cela fonctionne, il faut qu'il y ait un contexte, ou au moins des gens qui suivent ; si vous allez vaticiner à la cantonade « je fonde la VIe République », vous trouverez vraisemblablement peu de gens pour vous emboîter le pas.

Ouverture : pour la psychanalyse, le sujet est la cause, comme telle irrégulière et biscornue, tandis que son inconscient, lui, répond à des lois. Cause et loi forment un couple à la Laurel et Hardy : mal accordés, mais difficile à séparer.

Sources : Freud, *L'Homme Moïse et la religion monothéiste ;* Hume, *Enquête sur l'entendement humain ;* Austin, *Quand dire, c'est faire ;* Lacan, *Les Écrits, « Fonction et champ de la parole et du langage en psychanalyse » ; Le Séminaire VII, L'Éthique de la psychanalyse ; Le Séminaire XI, Les Quatre Concepts fondamentaux de la psychanalyse.*

Le maître, étalon du politique

Alexandre ou Hitler étaient des maîtres. Lacan s'y est intéressé, car le maître est celui qui, par la parole, fait obéir tout le monde. « Travaillez, et pour le désir vous repasserez », résume le psychanalyste. Il commande sans rien savoir de plus ; le discours du maître est intrinsèquement totalitaire. Qu'est-ce qu'un maître ? Pour le philosophe Hegel, le maître est devenu tel car il s'est engagé dans une action de pur prestige où il a risqué sa vie, et il a fait ce que les autres (les esclaves) n'ont pas osé faire. De nos jours, il arrive que le maître soit courageux, mais parfois les choses sont beaucoup plus triviales : le maître devient le maître parce que les autres lui cèdent le pouvoir, à l'instar d'une patate chaude que personne ne veut avoir en main (on pense à la loi de juillet 1940 qui confia les pleins pouvoirs à Pétain).

Le discours du maître apparaît avec pureté dans le politique. Il fonde une communauté, qui tient parce que l'on ne discute pas, et parce que les différences sont niées. Ce discours montre du doigt ceux qui s'amusent, que ce soit les lanceurs de pavés de mai 1968 ou les amateurs de *rave party*, et il dénonce : « Regardez-les jouir ». Pour Jacques Lacan, faire honte de la jouissance est la position du maître, qui élude la question du désir en refoulant le sujet.

Cela explique que, pour le psychanalyste, l'esclave mis au travail par le chef « cède sur son désir » pour obéir. Il ne faut pas croire que c'est parce que l'esclavage est aboli qu'il n'y a plus d'esclaves ; au contraire, il y en a plein, et nous en sommes tous ! L'esclave, autrement dit le travailleur, le salarié, le petit cadre, qui se fait presser le citron et marcher sur les pieds par son patron, se fait avoir. De plus, il se sent coupable : obéissant à un impératif féroce et obscène, il se sent fautif de dire oui au lieu d'envoyer le maître se faire mettre aux fers. Même s'il essaie de changer tout cela, c'est encore au final pour se donner un nouveau maître, il n'en sort pas – on le voit, Jacques Lacan ne croyait pas aux lendemains qui chantent.

Mais le maître est malin. Il envoie à la mine, ou au champ de bataille, au nom d'un bien commun : il promet les lendemains qui chantent, le bonheur ou la grandeur de la France. En fait, pour Lacan, c'est lui qui jouit de la servilité de ceux qui lui obéissent. Il est fréquent que le maître fasse les lois, et alors il édicte une loi universelle, un « pour tous », et tout le monde doit obéir à la loi : sa jouissance passe par l'existence d'esclaves soumis. Lui-même échappe à l'ordre qu'il édicte, dès lors que sa personne est par définition au-delà de la règle. Pourtant, des effets de vérité déboulent pour lui opposer un démenti : la figure du bouffon assure le retour du refoulé, affirme le psychanalyste. Des bouffons, y en a-t-il encore aujourd'hui ? Mais oui ! Il suffit pour nous en convaincre de regarder le film de Charlie Chaplin, *Le Dictateur*, ou les « Guignols de l'info » sur la chaîne de télévision Canal + !

Des maîtres, on en a eu beaucoup : quand l'effervescence révolutionnaire lasse une France repue, on va chercher Napoléon, l'incarnation du maître ; quand l'armée française se délite face à l'ennemi, on confie le pouvoir à Pétain ; quand la crise algérienne s'avère insoluble, on rappelle de Gaulle, qui n'attendait que cela. Jacques Lacan, qui, paraît-il, votait pour ce dernier, se méfiait beaucoup plus de l'omniprésence de bureaucrates mous à la tête de l'État que de la férule d'un homme providentiel.

Aujourd'hui, cherchons le maître : où est-il ? À l'étranger, principalement dans des pays où les gens sont encore un peu plus malheureux qu'ailleurs, il y a pléthore de maîtres : Slobodan Milosevic, Saddam Hussein ou Fidel Castro en sont de fort beaux spécimens. Certains d'entre eux se prétendent des révolutionnaires, et ce n'est pas étonnant, dès lors que, selon Lacan, le révolutionnaire s'annonce souvent sous l'uniforme de celui qui remet de l'ordre. Et en Occident ? S'est-il volatilisé, jusqu'au moment où une crise politique rendra sa présence indispensable ? En France, Jean-Marie Le Pen, chef d'un Front National qui exhale des relents de fascisme, est candidat pour le poste. Mais le *leadership* aujourd'hui est ordinairement amical, convivial et bavard, à la manière d'un Bill Clinton ou d'un Tony Blair. Jacques Lacan pense que s'il n'y a plus guère de maître, c'est parce que le capitalisme a pris le pouvoir : il est à présent le maître absolu qui régit nos vies.

Il n'y a pas que le discours du maître qui tisse le social, qui structure les rapports des individus entre eux. Lacan isole d'autres discours, le discours de l'universitaire, le discours de l'hystérique et le discours du psychanalyste. Chacun d'entre eux fonde un lien social, qui est ce qui permet de réunir des gens. L'universitaire suggère à l'étudiant : « Apprends le savoir qu'on t'offre » ; c'est donc une variante du discours du maître, puisqu'il commande et a le pouvoir de décerner des titres. L'hystérique, elle, dit à l'autre : « Désire », et le psychanalyste propose : « Dites-moi ». Le discours du maître, celui de l'universitaire et celui de l'analyste sont probablement voués à l'échec, car ils rentrent dans le champ des trois actions que Freud considérait comme impossibles : « gouverner, éduquer, psychanalyser ». Quant au désir suscité par le discours hystérique, il échappe à l'anathème freudien puisque par définition il s'inscrit dans un champ toujours ouvert : par nature insatisfait, il ne cesse de rebondir.

Enfin, qu'on nous permette une petite note pessimiste mais bien balancée sur le maître : l'histoire fonctionne sur un rythme métronomique ; mettre en place, puis démettre le maître ; quoiqu'il advienne, prétendre mettre un point final au maître, c'est mettre le feu aux poudres inutilement.

Sources : Freud, *Psychologie des foules et analyse du moi ;* Kojève, *Introduction à la lecture de Hegel ;* Lacan, *Le Séminaire I, Les Écrits techniques de Freud ; Le Séminaire VII, L'Éthique de la psychanalyse ; Le Séminaire XVII, L'Envers de la psychanalyse.*

Avec César, franchir le Rubicon

César est le général romain rebelle qui, jadis, franchit le Rubicon. Passant ce qui n'est qu'un ru (le mot ruisselet est généralement plus usité), il devint un personnage historique. Celui qui fut aussi, dit-on, l'amant de Cléopâtre se trouve donc immortalisé au XXe siècle dans la bande dessinée *Astérix* avec du fenouil (odorant) sur la tête. C'est la rançon de la gloire. Mais laissons cette image d'Épinal.

Le docteur Lacan se sert de César pour expliquer ce qu'est un acte véritable : c'est franchir une limite. En effet, les troupes des provinces romaines n'avaient pas le droit de pénétrer en Italie ; quand César va au-delà du fameux ru, cela signifie qu'il est rebelle au pouvoir romain. C'est en dépassant une frontière symbolique qu'il y a un acte – car l'acte n'est pas une action, à la différence de marcher, courir. Il est une coupure qui détermine un avant et un après : César est le serviteur de la République, jusqu'au moment où il devient un insurgé.

Pour prendre un exemple plus proche de nous, il en est de même pour notre cher général de Gaulle : avant le 18 juin 1940, il est militaire de l'armée française, ensuite, il est considéré comme un félon et se voit condamné à mort. L'acte naît donc de la contingence d'une décision, et celui qui le commet n'est plus le même ensuite. Il cesse d'être l'homme (ou la femme) du commun, qui cède sur son désir pour son bien ou celui de l'autre. Si l'acte commande à l'avenir, il a, selon Lacan, un sens équivalent à cet acte sexuel particulier qu'est l'inceste, qui n'est rien d'autre qu'une transgression sans retour.

Psychanalyser est également un acte, et un acte de création – et c'est là que Jacques Lacan veut en venir. Mais c'est un acte sans référence extérieure qui le justifie : il n'y a pas de mode d'emploi préétabli de la cure, puisque chaque analysant est différent. C'est donc risqué, et trouver un bon analyste est difficile : il est seul maître à bord, il « s'autorise de lui-même », comme le pose Lacan, au sens où il n'y a rien qui garantit qu'il n'est pas en train de s'égarer complètement. C'est pour cela qu'il vaut mieux qu'il appartienne à un groupe de psychanalystes : cela ne l'empêche pas de se tromper, mais théoriquement il peut trouver des gens avec lesquels parler et, si possible, avec lesquels réfléchir. Il est moins seul !

Pour Lacan, un cénacle d'analystes devrait idéalement fonctionner comme une masse non uniforme, qui ne résorbe pas les particularités de chacun. En fait, les choses se passent rarement comme cela. D'abord, des groupes, il y en a tellement que l'on ne sait plus à quel saint se vouer ; la dispersion des lacaniens depuis la dissolution de l'École freudienne de Paris en 1981 a abouti à la création de multiples associations, tant en France qu'à l'étranger. Et puis, comme ces gens-là ne s'entendent pas, ils ne cessent de se séparer en s'insultant, et c'est la zizanie. En plus, ils sont tous certains de détenir la vérité – mais, après tout, les Témoins de Jéhovah aussi.

Morale : il faut parfois plus de courage pour se choisir un divan que pour franchir le Rubicon !

Sources : Kojève, *Introduction à la lecture de Hegel ;* Lacan, *Le Séminaire II, Le Moi dans la théorie de Freud ; Le Séminaire XIV, La Logique du fantasme.*

Avec Kant, le rouleau compresseur de la loi pour tous

Kant. Rien que son nom, pour l'oreille d'un Français, sonne comme un couperet. Le philosophe allemand n'était pas un gai luron et, à l'image de sa vie, sa pensée est fort austère. Il ne quitta jamais Königsberg (aujourd'hui Kaliningrad), et sa seule distraction quotidienne était la promenade, qu'il différa exceptionnellement le jour où la chute de la Bastille fut annoncée. Celui que Lacan évoque comme un puceau notoire ne fréquentait pas les femmes, préférant sans doute au rouleau à pâtisserie le rouleau compresseur de la loi.

Car il est avant tout l'homme de la loi, une loi abstraite qui met de côté tous les plaisirs, tous les objets de la sensibilité. Il est le chantre de l'impératif catégorique qui s'applique à tous, et se formule ainsi : « Agis uniquement d'après la maxime qui fait que tu puisses vouloir en même temps qu'elle devienne une loi universelle. » Prenons un exemple tiré de la vie quotidienne : imaginons (pure hypothèse) que vous trichez en remplissant votre déclaration d'impôt, et que vous ne déclarez que la moitié de vos revenus. Si tout le monde faisait de même, cela voudrait dire qu'il y aurait deux fois moins d'argent dans les caisses de l'État, deux fois moins d'écoles construites, de routes entretenues, etc. Est-ce vraiment ce que vous voulez ? Non, bien sûr. Alors, vous devez découvrir en vous-même un « tu dois » qui vous empêchera de recommencer à prendre par-dessus la jambe les devoirs qu'impose notre bonne mère la République.

Nous sommes tous égaux face à cette loi universelle que promeut Kant en la théorisant. Chacun d'entre nous a les mêmes droits, et les mêmes devoirs. Cet universel était déjà promu par saint Paul : « Il n'y a plus ni juif ni païen, ni esclave ni homme libre, ni homme ni femme ». Beau programme, mais pour l'instituer, il faut écarter tout objet de passion, toute particularité personnelle ; il faut être indifférent à son propre bien-être comme à celui d'autrui pour que l'action soit morale. Elle est bien pesante cette loi qui vaut pour tous, et qui exige le sacrifice de ce qui est le plus cher ! Bien entendu, elle a passionné Jacques Lacan.

Il en parle dans son commentaire de la tragédie de Sophocle, *Antigone*. Créon, l'un des personnages, est précisément l'homme d'une telle loi. Il ne fait pas d'exception – et c'est en cela qu'il est excessif. Selon Lacan, « le bien ne saurait régner sur tous, sans qu'apparaisse un excès dont la tragédie nous avertit des conséquences fatales ». Mais, pour reprendre l'exemple des impôts, décidément instructif, le ministère de l'Économie a accordé au couturier Karl Lagerfeld, il est vrai fort talentueux et courtisé par d'autres pays que la France, une réduction d'impôt d'un montant faramineux pour le commun des contribuables. Cela prouve, entre autres choses, qu'en France la place de l'exception est ménagée. Ouf, nous voilà rassurés, nous ne vivons pas dans un pays kantien…

Ce « pour tous » de la loi, à quoi sert-il, sinon à constituer une communauté ? Celle-ci prend la forme de la paroisse, de l'entreprise, de la nation… Mais Jacques Lacan a annoncé un monde où les particularismes prendraient le pas sur l'universel, et où l'individualisme de la différence rendrait précaire la possibilité même d'un accord sur le bien collectif. C'est ce qui est arrivé : aujourd'hui le « pour tous » part à vau-l'eau, signant la fin du rêve d'un tout universel qui engloberait tout le monde. L'intégrisme républicain est-il en train de s'estomper au profit du repli sur le mode de vie (et le mode de jouir) de chacun ? Il nous semble que oui, et les particularités sont à la fête dans une émission télévisée du style de *C'est mon choix* : les participants ne viennent sur le plateau que pour défendre leur petite affaire, le tatouage, le *piercing*, le port des cheveux longs, l'échangisme, etc.

Toutefois, la question se pose : la loi doit-elle être pour tous, ou prévoir des catégories ? Les débats passionnés qui ont entouré l'introduction en France d'une loi sur la parité homme-femme en politique, ou le tollé qui a accompagné la mise en place d'un accès plus facile pour des élèves issus de

« banlieues défavorisées » au sélectif Institut d'Études Politiques de Paris, montrent que le dossier est brûlant. S'il est bon de reconnaître les différences, de leur donner droit de cité, il se profile à l'horizon le spectre de la ségrégation et du racisme. C'est ce que Lacan prophétisait, déplorant cette réponse inévitable à la dissolution de l'Autre national. À chacun son ghetto, telle est peut-être la physionomie de l'imprévisible futur – qui, comme chacun sait, prend tout de même sa source dans le vivace aujourd'hui.

Question : comment est-ce que l'on vit ensemble ? La République pour tous, ou chacun pour sa chapelle ? Jean-Pierre Chevènement, chantre de la loi républicaine, a la réponse – mais il est probablement le seul.

Sources : Lacan, *Autres Écrits, « L'Étourdit » ; Le Séminaire VII, L'Éthique de la psychanalyse ; Le Séminaire XVII, L'Envers de la psychanalyse.*

8 – Questions d'aujourd'hui

Avec Sade, la liberté sexuelle en question

La jouissance est-elle compatible avec la liberté ? Voilà une bonne question à poser au grand oral de l'ÉNA… On peut gager que Lionel Jospin, candidat malchanceux aux récentes élections présidentielles, ne se l'est jamais posée, même et surtout depuis qu'il a épousé une philosophe. Notre société est certes permissive : les photos de l'artiste Mapplethorpe, qui n'aimait rien autant que de photographier des sexes d'hommes, y sont même élevées à la dignité d'œuvre d'art, c'est dire. Mais le malaise dans la civilisation persiste, et on n'est pas plus à l'aise sur l'épineux sujet de la jouissance et de sa distribution qu'il y a mille ans !

On comprend aisément que Lacan ne pouvait pas faire l'impasse sur Sade, qui transgresse toutes les limites humaines : jamais dans la littérature il n'y eut d'ouvrages aussi scandaleux. Parce qu'au nom de la liberté, le divin marquis y va fort, prenant systématiquement le contre-pied des dix commandements, prônant l'adultère, le vol, l'inceste, le meurtre… Le crime est au cœur de la réflexion développée par Sade dans son projet pour ce qu'il appelle une « démocratie de la jouissance », autrement dit son violent pamphlet « Français, encore un effort si vous voulez être républicains ». Et si le « droit à la jouissance » était élevé à la dignité des droits de l'Homme ? En effet, toute réflexion sur ceux-ci part de l'idée qu'ils doivent être réciproques. Que se passerait-il si l'autre avait un droit imprescriptible sur mon corps, sur ses parties, et ce, à charge de revanche, se demande notre libertin, qui pousse le bouchon aussi loin que possible ?

Il est un peu court de répondre que ce serait ce que l'on appelle vulgairement le « bordel ». Ce serait surtout l'hécatombe, le camp de concentration assuré près de chez vous ! Tout le monde s'entretuerait mutuellement à qui mieux mieux, et à côté de ce déchaînement le sordide meurtrier belge Dutroux aurait l'air d'un aimable plaisantin. Le droit à la jouissance est donc un supplément embarrassant qui subvertit complètement le champ universel des droits où il entend se placer ; la liberté sexuelle s'arrête à un point précis, qui est celui du sadisme. Comme le dit justement le psychanalyste Jean Laplanche, le groupe de rap NTM a pris pour slogan « nique ta mère », mais c'est juste bon à scandaliser les vieilles dames, alors que « torture ton enfant », en abrégé TTE, ferait beaucoup plus fort – mais qui donc oserait ? Si la sexualité ne peut pas « s'épanouir », ce n'est donc pas à cause de la répression sociale, comme le croyaient les trublions de 1968 ; c'est parce que jouir sans entrave sème la mort et la destruction.

Ce qui est intéressant dans le projet de Sade, c'est que cette démocratie de la jouissance qu'il appelle de ses vœux est formulée dans le cadre d'une loi universelle : « Pour tous, la jouissance est autorisée, jusque dans ses dernières conséquences ». Autrement dit, Lacan le remarque, cela ressemble bigrement à la loi telle que l'austère Kant (qui vivait à la même époque que Sade) la conçoit. Pour l'Allemand, comme pour le libertin, la loi est un impératif catégorique fondé sur la réciprocité. La loi kantienne « Fais en sorte que la maxime de ton action puisse être prise comme une maxime universelle » se transforme chez Sade en : « Prêtez-moi la partie de votre corps qui peut me satisfaire, et jouissez, si cela vous plaît, de celle du mien qui peut vous être agréable ». La loi de l'un est l'envers de celle de l'autre : chez Kant elle exclut la jouissance, alors que pour Sade elle ne cherche que cela, et se focalise sur les parties du corps les mieux faites pour en procurer. Mais dans les deux cas, la loi est féroce. Si Jacques Lacan rapproche Sade de Kant, c'est pour montrer que derrière la vertu il y a le vice, et que sous le devoir il y a la jouissance.

Sade était sadique, mais en théorie seulement. En pratique, il était masochiste : il a passé trente ans de sa vie embastillé, et il se délectait de se faire fouetter par son valet. « Sado » ou « maso », de toute façon il était pervers, et le pervers, c'est celui qui s'épuise à faire jouir l'Autre, à le compléter – par opposition, le névrosé, plus frileux, s'évertue à s'en garer. Notre Donatien Alphonse François s'échine à être l'instrument de la jouissance divine ; comment jouit-elle ? Elle est l'« être suprême en méchanceté » et, pour Lacan, Sade met tout en œuvre par le verbe pour la suppléer dans son opération meurtrière. Quel souhait éreintant que celui-ci ! Le divin marquis « redonne sa place au créateur », analyse Lacan, en l'imitant dans ses actes de destruction.

Par l'écriture, Sade réalise un fantasme mortifère sur les personnages qu'il met en scène, qui sont déchirés, déchiquetés, démembrés. Son fantasme de souffrance éternelle ne s'articulerait-il pas autour du mot *disparaître* ? Pour Lacan, il construit son œuvre sur ce refrain, qui fait aussi office de thème central à son existence : Sade rêve de ne plus faire tache dans le monde du langage et de s'y résorber. Son vœu est d'aller jusqu'à l'effacement même du nom et de la mémoire. Il avait laissé un testament stipulant que son nom devait être effacé sur sa pierre tombale, et comme cela ne suffisait pas, il émettait le vœu que les particules de sa dépouille se désagrègent : tout doit disparaître ! Décidément, la pulsion de mort porte tout son discours ; « pas de trace », résume le psychanalyste.

Un conseil de Lacan : névrosés, bandez donc vos forces, non pas pour ressembler au divin marquis, mais pour faire un aussi bon usage que lui de votre singularité.

Sources : Freud, *Névrose, psychose et perversion ; Trois essais sur la théorie de la sexualité ;* Sade, *La Philosophie dans le boudoir ;* Lacan, *Les Écrits, « Kant avec Sade » ; Le Séminaire VII, L'Éthique de la psychanalyse.*

Avec Descartes, la science

La science, on baigne dedans. Sans elle, notre société est inconcevable. Lever de rideau : les temps modernes commencent avec Descartes. Il est à l'origine d'une démarche nouvelle qui annonce un nouveau mode de connaissance. Le philosophe balaie d'un revers de main l'érudition et les représentations des choses qui prévalent : c'est une sorte de « Victor le nettoyeur » du savoir, qui met de côté toutes les évidences empiriques en les dissolvant avec l'acide de sa fameuse méthode. Du savoir faisons table rase ! Ce rejet est, si l'on suit Jacques Lacan, une « forclusion » inhérente à la science. Selon lui, celle-ci, si elle part d'un point vide, est une construction qui, quand elle est vraiment bien bâtie, n'offre pas de différence essentielle avec le délire d'un fou, éminemment organisé et structuré.

Le projet de la science ne vise à rien d'autre qu'à fonder la conviction de celui qui cherche, affirme Lacan. Au bout du doute, il y a la certitude du *je suis*. Cette construction du savoir comme scientifique, qui refuse de donner sa foi à l'évidence, suppose que l'on croie en un Autre, puisque le fameux « je pense donc je suis » de Descartes ne peut se formuler que sur celui-ci.

Quel est cet Autre ? S'il n'est pas dedans (Descartes inaugure une science où Dieu n'a rien à voir), c'est qu'il est dehors. Il s'agit d'un Dieu qui n'est animé d'aucune volonté et d'aucun désir ; les exemples en sont connus : le moteur immobile d'Aristote, le Dieu non trompeur d'Einstein. Le Dieu du savant traduit la recherche d'un Autre de l'Autre ; mais Lacan affirme qu'il n'y a pas de garant ultime de quoi que ce soit, « il n'y a pas de métalangage » – puisqu'il n'y a rien hors du langage. Inutile donc de chercher une dimension cachée des choses, une prétendue vérité qui serait au-dessus de nous, ou un au-delà des mots : cela n'existe pas. Et voilà pourquoi il n'est pas possible d'avoir le dernier mot !

La science chasse Dieu (dont elle conserve prudemment la place, elle pourrait servir), mais a horreur du vide. Contrairement aux apparences, elle ne permet pas de lire la nature, de percevoir le monde, mais pour le docteur Lacan elle vise à y ajouter des objets, comme les ondes radio, ou une foultitude de gadgets. Car elle se mêle de tout, au point que l'on est noyé par ce qu'elle nous déverse sur la tête : téléphones sans fil, magnétoscopes, calculettes, ordinateurs…

Ce qui est inquiétant, c'est qu'elle se moque des conséquences de ce qu'elle fait : elle clone à tout va, rend des vaches anthropophages, bourre des cerveaux de singe de cellules humaines ; si l'on suit les analyses de Lacan, c'est parce qu'elle est animée par une volonté de mort inexorable. Elle ne se pose aucune question, n'éprouve aucun scrupule : les états d'âme d'Oppenheimer ou d'Einstein ne sont plus d'actualité, sauf chez certains biologistes qui jettent le gant – mais quand cela arrive, il y en a trente pour prendre la relève. Le savoir pour le savoir, coûte que coûte !

Et on marche tous, puisque le discours de la science qui nous environne suscite un énorme transfert : nous croyons qu'il détient un savoir opérant sur le réel. D'ailleurs, les sondages le montrent : quand on demande aux Français à quoi ils croient, la science décroche la première place, bien avant les médias, Dieu ou les hommes politiques… Pourtant, l'appel enthousiaste à la science ne tient pas toutes ses promesses, loin de là ; par exemple, on n'a jamais consommé autant de médicaments, et c'est bien la preuve qu'il y a encore du travail à faire face aux maladies mentales et à la dépression, que la débauche de programmes de recherche promettait pourtant d'éradiquer à coup sûr. Nous vivons dans ce délire de la science, et il est impossible de lui échapper. Tout se passe comme dans la série culte britannique *Le Prisonnier* : le héros ne parvient jamais à s'évader du village « normal » de Grande-Bretagne où il est reclus en vertu d'un incompréhensible diktat. En fait, il semble bien que le prisonnier soit interné dans son propre délire.

Lacan était fasciné par le modèle du savoir proposé par la science. Il a voulu donner une légitimité à la psychanalyse en rappelant qu'elle était née de la science, qu'elle avait fait rentrer le sujet dans ce champ dont elle était issue, et qu'elle devait elle-même se constituer comme une science. Ainsi, la question difficile de sa transmission aurait été réglée : la physique se propage par équations, alors que la psychanalyse fait son chemin « de bouche à oreille de druides », comme la formule de la potion magique dans *Astérix* – c'est dire à quel point le passage de témoin est délicat, et souvent raté. Cela explique que Lacan ait tenté de transcrire son enseignement sous forme de « mathèmes », sorte d'algèbre censée rendre les choses plus simples. Mais aujourd'hui le bilan est mitigé : la psychanalyse ne s'est pas pour autant constituée en science. Au demeurant, c'est peut-être une chance pour elle : le marxisme aussi se prétendait une science, avec les résultats que l'on connaît !

Remarque : la psychanalyse se veut le cheval de Troie d'une science qui exclut le sujet de l'inconscient ; elle postule pour être son antidote. Le discours critique de la psychanalyse pourrait devenir très tendance, à l'heure où les conséquences du discours de la science font l'objet d'une inquiétude croissante – inquiétude dont un José Bové, chef de la Confédération Paysanne, se fait le porte-étendard.

Sources : Descartes, *Discours de la méthode ;* Lacan, *Les Écrits, « La science et la vérité » ; Le Séminaire VII, L'Éthique de la psychanalyse ; Le Séminaire IX, L'Identification ; Le Séminaire XI, Les Quatre Concepts fondamentaux de la psychanalyse ; Le Séminaire XVII, L'Envers de la psychanalyse.*

Avec *Les Ambassadeurs* d'Holbein, l'objet du désir

Après quoi court-on ? Après l'amour, la richesse, la gloire, la liberté, bien sûr, et plus prosaïquement, après la femme d'à côté, le dernier métro, le pain quotidien. Mais il est une chose qui pour chacun d'entre nous est particulièrement importante. Au cœur de la « réalité » il y a un objet, qui est la cause de notre désir. C'est un peu comme la fève dans les galettes des rois : elle est cachée à l'intérieur, on ne sait pas à quoi elle ressemble, on espère toujours l'avoir, même si on ne sait pas quoi en faire quand on l'a dans la main – d'autant que généralement elle nous échappe.

Regardons de plus près cet objet dissimulé. Pour cela, il faut faire un détour par le tableau quelque peu austère peint par Holbein, *Les Ambassadeurs*, qui a retenu l'attention de Jacques Lacan. Qu'est-ce que représente cette toile ? Simplement deux personnages, richement habillés (même si la fourrure et l'or ont une connotation un peu vulgaire de nos jours), qui ont l'air de s'ennuyer puissamment. Pourtant, ils ont autour d'eux tout ce qu'il faut pour se distraire les dimanches de pluie : des livres, des instruments de musique, et des objets dignes du « kit du petit scientifique » disponible dans n'importe quel magasin de la chaîne Nature et Découverte. Jusque-là, rien de bien passionnant, sauf qu'il y a au premier plan du tableau, en avant des personnages, quelque chose de bizarre.

C'est une chose suspendue et oblique, qui ressemble vaguement à une soucoupe volante, ou à une montre molle telle que Dali les peignait. En fait, c'est une anamorphose, c'est-à-dire un dessin déformé, et elle n'apparaît que quand on passe devant le tableau, au moment de quitter la pièce (pour ceux qui se piquent de culture, il est exposé à la

National Gallery, à Londres). C'est l'anamorphose d'une tête de mort, venant révéler la vanité des choses humaines, et plus particulièrement des arts et des sciences qui occupent nos deux lurons. Elle met en lumière que l'on est tous accrochés à des hochets qui nous font oublier l'essentiel. Comme disent les sauvageons d'aujourd'hui : « tête de mort » !

Et l'essentiel, selon Lacan, n'est rien d'autre que l'objet du désir qui, ici, est le regard. L'appel d'air créé dans le tableau par l'anamorphose laisse une place où doit venir se mettre le regard du spectateur. Parce que l'œil, et c'est là que le psychanalyste veut en venir, n'est pas la même chose que le regard. Quand vous regardez un tableau, vous lui donnez votre regard, même si en même temps le tableau se peint au fond de votre œil. Il s'agit d'un échange : le tableau invite celui qui regarde à déposer son regard, et en contrepartie il donne quelque chose à l'œil. Cette négociation est déséquilibrée car, comme dans l'amour, ce qui est donné n'est pas de même nature que ce qui est reçu : « Jamais tu ne me regardes là où je te vois », profère le psychanalyste. Avec l'œil, on regarde, avec le regard, on veut voir – cette nuance subtile nous en met plein la vue.

Éblouissante démonstration : si l'œil ne peut pas circuler, le regard le peut, comme un objet. Bon, c'est vrai, on ne peut pas le toucher, mais, selon Lacan, c'est un objet quand même. Tout comme la voix, le sein ou encore les excréments – ces deux derniers ayant été mis en évidence par Freud. Chacun d'entre nous a un objet d'élection, cause du désir, et c'est ce que Lacan appelle « l'objet *a* » (se prononce *l'objet petit a*) ; c'est lui qui l'a inventé, en s'appuyant sur les travaux de psychanalystes tels que Mélanie Klein et Winnicott. L'objet *a*, caché et convoité, nous fait vivre, nous fait courir et parfois nous cloue sur place. Cette part de jouissance, ce petit « plus-de-jouir » qui semble abstrait, il faut l'imaginer comme ce qui nous donnerait ce qui nous manque, ce qui ferait que notre désir soit enfin comblé. En admettant que l'on puisse s'en emparer, ce qui n'est pas le cas, car il est irrémédiablement perdu.

On s'échine pourtant à tourner autour de ce damné objet, sans jamais l'atteindre. La pulsion, qui est programmée pour cela, essaie de mettre la main dessus. Elle fait l'aller et le retour entre notre « objet *a* » et les autres, les gens qui nous entourent. Chacun d'entre nous passe donc sa vie, énumère Lacan, à voir et à se montrer (pour ceux qui tournent autour du regard), ou à entendre et à se faire entendre (pour ceux pour lesquels la voix est l'objet d'élection), ou encore à bouffer et à se faire bouffer (le sein est au premier plan), soit enfin à emmerder[7] les autres et à se faire chier (l'étron prévaut). Le regard, la voix, le sein, les fèces : tout ce qui, du corps vers l'extérieur, peut se glisser par un orifice, passer entre les lèvres, choir d'un trou, jaillir d'une fente. Et le fantasme, cette mise en scène du désir, permet d'accommoder l'objet, toujours de la même manière. Même après des années de divan, on continue – la seule différence, c'est que l'on sait que toute notre vie se réduit au rapport à un objet inaccessible avec lequel on entretient un lien de jouissance réglé d'avance.

Au demeurant, tout cela, le monde capitaliste l'a pressenti depuis longtemps, sans pouvoir le théoriser (le capitaliste est rusé, mais il n'est pas un intellectuel). L'objet *a* est au cœur de notre système économique ! La fonction des médias consiste à véhiculer le regard et la voix jusqu'à chacun d'entre nous ; quand on regarde la télé, quand on écoute la radio, sans le savoir on consomme de « l'objet *a* ». Mais on ne fait pas que le consommer, on le fabrique, on s'épuise pour cela, et on est

---

[7] Le psychanalyste n'a pas peur des mots : si c'était le cas, il ferait un autre métier !

tous des prolétaires exploités pour produire le monceau de biens que notre industrie doit, tous les ans, déverser sur le marché. Et beaucoup touchent de près au regard ou à la voix : magnétoscopes, téléphones portables, programmes de télévision, sans parler de l'électricité et des équipements nécessaires pour convoyer tout cela jusqu'aux foyers des consommateurs...

Notre société cherche à colmater la béance du sujet, à étancher son manque ; c'est ainsi que l'on nous fait croire qu'il existe des objets propres à combler l'écart du désir en fabriquant les objets du bien-vivre. Bien sûr on nous ment : la science-fiction, c'est la fiction d'un monde où, en satisfaisant un besoin de jouissance, on serait venu à bout du désir – un peu comme dans *1984*, le célèbre et cauchemardesque livre d'anticipation d'Orwell. En fait, l'objet du désir étant définitivement inatteignable, c'est ce qui nous permet de continuer à désirer, donc à consommer.

Morale : au cœur de la réalité, au centre de l'amour et du désir, il y a le manque, le vide, la mort ; cela crève les yeux !

Sources : Freud, *Trois essais sur la théorie de la sexualité ;* Baltrusaitis, *Anamorphoses ;* Merleau-Ponty, *Le Visible et l'invisible ;* Lacan, *Le Séminaire XI, Les Quatre Concepts fondamentaux de la psychanalyse ; Le Séminaire XVII, L'Envers de la psychanalyse.*

La canaille, le cynique et le débile

La canaille, le cynique et le débile : non, ce n'est pas un western lacanien. Ce sont plutôt des positions, des attitudes vis-à-vis de l'existence. Une canaille, pour Lacan, c'est celui ou celle qui se met à la place de l'Autre, c'est-à-dire qui prétend commander à la cause du désir pour les autres. La canaille essaie de faire la loi à ceux qui l'entourent, de les modeler. Le cynique tel que Lacan en brosse le portrait, par contre, n'a de loi que sa jouissance, mais il ne tente pas de l'imposer aux autres – d'ailleurs, les autres, il s'en fiche un peu. On s'en doute, le second est beaucoup moins dangereux que le premier ; avec un François Mitterrand comme président de la République pendant 14 ans, on a du moins échappé à la canaille : Français, réjouissons-nous, quelle chance nous avons eu d'avoir élu un cynique !

La vie de l'entreprise illustre sans peine les deux figures. Le cynique tout d'abord : c'est celui qui se fait porter pâle pendant deux semaines à chaque rhume, qui attribue sans vergogne tout le travail aux autres sous prétexte qu'il y a autre chose dans la vie qui l'intéresse, le judo, les femmes, le poker, peu importe. Il consacre toute son énergie à sa passion ; au grand jeu de la vie, il joue strictement « perso ». Gagne-t-il ? Oui, il faut reconnaître qu'il ne s'en tire pas mal.

Et la canaille ? C'est le patron qui vous exploite, vous sous-paie et essaie en plus de vous faire croire qu'il vous veut du bien. Ce n'est pas forcément en entreprise qu'il y en a le plus. Selon Lacan, il y a des domaines plus touchés, comme l'enseignement. Il donne l'exemple de l'universitaire, du pédagogue bien en cour, introduit en haut lieu, qui tente de convertir son entourage et ses élèves à ses propres finalités. On se gardera de donner des noms. L'autre grande figure de la canaille, c'est évidemment le psychanalyste, lorsqu'il profère ce qu'il faut faire ou être pour ceux qu'il soigne. Il est difficile de soigner sans parti pris sur les finalités, mais c'est pourtant ce que doit faire le *psy* qui, par définition, ne doit surtout pas être une canaille ! La canaille, d'où qu'elle sorte, ne forme pas un bon couple avec le cynique, car celui-ci sait très bien ce qu'il veut, et ne se laisse pas prendre dans les rets du bon plaisir des autres.

Ces deux personnages sont donc très différents du débile tel que Lacan le représente : docile, crédule, consentant, le débile (qui n'est pas forcément bête) se laisse capter dans le discours de l'Autre au point d'y être englué. Car il est suffisamment labile pour se laisser diriger par celui qui veut faire le chef ! Dans les partis politiques (de même que dans les groupes en général, et pas seulement de psychanalystes), il y a légion de ces parfaits exécutants, zélés, serviles avec les puissants, hautains vis-à-vis des autres, prompts à s'identifier au modèle qu'on leur propose. Au demeurant, aucune société ne fonctionnerait sans eux, et c'est précisément leur nombre qui rend tout réel changement improbable.

La politique n'est pas ici sollicitée en vain, et Lacan compare la canaille à l'intellectuel de droite, et le débile à l'intellectuel de gauche. Le premier est décidé, tente d'imposer à tous une vision de la société qui n'en favorise que quelques-uns, alors que le second est confiant, un peu niais, et identifié à des idéaux un peu fumeux qui ne sont pas les siens. Petit jeu : identifiez sur l'échiquier politique français quels hommes politiques sont plutôt du côté de la canaille, et quels autres plutôt du bord de la débilité ; entourez en rouge les « cumulards » qui relèvent des deux catégories. Vous verrez que les frontières des idéologies politiques sont actuellement passablement brouillées…

Question : et le névrosé de base, est-il canaille ou débile ? Ni l'un ni l'autre, bien sûr parfois il aimerait bien, mais il ne peut point. Pas assez décidé pour être une canaille, trop hésitant pour faire le débile ; et c'est peut-être pour cela qu'il se soigne, pour arriver à être l'un ou l'autre ! C'est faire là une fin bien plate, mais il y a tout de même de l'espoir, parce que parfois on devient cynique après une analyse… Est-ce le but ? Oui et non, le fin du fin, c'est d'être à la fois cynique et idéaliste. Si l'analyste doit savoir faire le grand écart, ses « pointes » ne sont pourtant que verbales !

Source : Lacan, *Le Séminaire VII, L'Éthique de la psychanalyse.*

L'homosexuel, ou qu'est-ce qu'être normal ?

À grand coup de *gay pride*, l'homosexuel aujourd'hui est un personnage à la mode, qui a le mérite, aux yeux de ses contemporains, d'avoir inventé une autre façon de jouir, qu'il cultive, il est vrai, depuis fort longtemps. L'homosexuel, c'est bien connu, fait de la « muscu », s'habille en pantalon militaire, habite volontiers le quartier du Marais à Paris et apprécie les chansons de Dalida ; depuis l'élection de Bertrand Delanoë à la mairie de Paris, il a droit de cité à part entière en politique. Mais une chose pour lui ne change pas, il a une mère.

Une mère, on en a presque tous eue, et cela ne laisse pas que de bons souvenirs – parfois, cela en laisse même de franchement mauvais. C'est que, selon Lacan, il n'y a pas d'harmonie préétablie entre l'enfant et la mère, pas de bonheur béat, puisque l'enfant ne cesse de se prendre les pieds dans le désir maternel, se demandant : « Que suis-je pour elle, que me veut-elle ? » Donc, le couple mère-enfant (comme le couple homme-femme) est boiteux ; en aucune manière les protagonistes ne peuvent faire *un*.

Si l'on suit Lacan, la mère de l'homosexuel est différente – ce qui n'est pas dire qu'elle est *mieux*. Elle a une caractéristique : elle fait la loi au père à un moment où l'intervention du père aurait dû empêcher l'enfant de s'identifier à l'objet du désir de la mère. C'est elle qui détient la clé de la situation. Le père ne compte pas pour du beurre, mais il est un peu trop en retrait par rapport à la mère, qui impose sa présence et a la situation bien en main. L'enfant, le futur homosexuel, face à cette mère qui porte la culotte (elle n'est pas pourvue pour autant d'un attribut phallique), se demande : le père, est-ce qu'il en a ou pas ? Et c'est précisément pour cela que plus tard il va demander à son partenaire d'en avoir, de montrer qu'il en a. Ce qui l'intéresse, pour dire les choses crûment, c'est le sexe de l'homme. De ce fait, si l'homosexuel a peur de l'organe féminin, c'est essentiellement parce qu'il est dévoreur de phallus.

L'homosexualité, est-ce une maladie ? Non, Lacan l'affirme. Pour le psychanalyste, la « normalité » n'est pas épuisée par le choix sexuel ; elle se définit plutôt par le fait de sortir de l'Œdipe dans une position correcte vis-à-vis du père, d'avoir les yeux en face des trous par rapport au symbolique, c'est-à-dire à la loi. Bref, pour résumer, on peut être un hétérosexuel rangé des voitures, bardé d'enfants, et être beaucoup moins « normal » qu'un garçon sensible. Et alors, la psychanalyse, qu'est-ce qu'elle propose comme service à l'homosexuel ? Elle vise à le libérer de l'idéal qui l'écrase et qui l'empêche de pratiquer tranquillement son mode de jouissance ; elle l'allège, à l'instar de ce qu'elle essaie de faire pour les autres analysants.

Si Lacan acceptait dans l'École freudienne de Paris des praticiens homosexuels, la question de savoir si un homosexuel peut être analyste demeure bien souvent tabou. D'après ce que l'on a pu en voir, la réponse est oui, mais à condition qu'il garde un silence prudent sur ses préférences sexuelles. Bonjour l'hypocrisie ! Au demeurant, il en est de même dans les milieux économiques ou politiques, même si sur la scène publique les choses sont en train de changer, comme le montre le courageux *coming out* médiatique de l'élu

RPR Jean-Luc Romero.

Et enfin : il n'est pas anodin de rappeler que, lors de l'adoption de la loi sur le PACS (pacte civil de solidarité), un certain nombre de psychanalystes se sont émus : ce contrat, qui permet une union entre deux personnes du même sexe, risque de fragiliser la famille, ce pilier incontournable et sacré de l'ordre social. Les psychanalystes seraient-ils conservateurs ? Dans l'ensemble, probablement pas plus que les plombiers. Davantage problématique est la position de certains *psys*, qui pensent que leur profession leur confère le privilège de proférer des avis autorisés sur tout et n'importe quoi…

Sources : Freud, *Trois essais sur la théorie de la sexualité ;* Lacan, *Le Séminaire V, Les Formations de l'inconscient.*

9 – Qu'est-ce qu'on fait des mots, et que font-ils de nous ?

La Lettre volée vole ceux qui la prennent

L'homme est un animal malade, et c'est ce qui explique qu'il traverse la vie sans savoir ce qu'il a à faire, ce qu'il veut faire, ce qu'il doit faire ; « dans quel état j'erre ? » se lamente-t-il. Il souffre du langage, car le mot ne colle pas à lui-même, et la fameuse question de l'humoriste Raymond Devos exprime parfaitement que cela cloche : « Quand donc remontera-t-on la mer démontée ? »

On est prisonnier dans les mots, qui nous mènent, non pas par le bout du nez, mais par le bout de la langue. Prenons un exemple : le mot « or » a pour sens (signifié) le métal précieux, mais il s'ouvre sur d'autres signifiants : c*or*ps, f*or*ce, p*or*t, *ro*c… Et, comme l'on s'exprime dans les cours de récréation : « tête de m*or*t et c*ro*tte de nez » ! Les signifiants, leurs séries et leurs articulations, déploient un réseau où nous sommes pris comme dans un filet. On considère la langue comme une bonne à tout faire, on croit que l'on peut s'en servir, l'exploiter, la trousser, la châtier, mais en fait c'est elle qui nous possède.

Le signifiant nous agit et nous détermine à notre insu, comme une lettre qui circule. C'est ce qui se passe dans *La Lettre volée* d'Edgar Poe, cette nouvelle étonnante qui a été commentée par Lacan. Il y est question d'une lettre qui se promène. La question qui est ordinairement posée dans un polar est la suivante : qui est le voleur, qui est le volé ? Dans l'histoire de Poe, tout le monde est volé, floué par cette damnée lettre.

Justement, qu'est-ce qu'il y a dans le pli de Poe ? Lettre de délation, d'amour ? Tout ce que l'on sait, c'est qu'elle est compromettante, elle véhicule un parfum d'illégitimité et de scandale. Ce papier sulfureux voyage, les personnages se le dérobent, le remettent en jeu, si bien qu'il effectue un circuit. Il a des effets indépendamment du message qu'il contient, et chacun se trouve berné par le jeu de ses substitutions successives. Au début, la reine l'a, puis un ministre pas très honnête (c'est un pléonasme) la chaparde, mine de rien, remplaçant la lettre originale par une fausse, et ce, sous les yeux du roi qui n'y voit que du feu. La reine s'en aperçoit, mais ne peut rien faire, car le roi doit tout ignorer. Ensuite, des policiers viennent passer au peigne fin l'appartement du ministre, mais, comme les policiers sont bêtes (re-pléonasme), ils ne la trouvent pas. Le détective Dupin entre en scène discrètement et, plus fort que Tintin, la repère : elle était parfaitement en évidence sur la cheminée, et c'est bien pour cela que les policiers ne l'ont pas vue, car ils s'attendaient à ce qu'elle soit cachée. Dupin substitue alors une contrefaçon à la lettre convoitée et s'en va. Quelle embrouille !

Dupin est la figure même de l'analyste, selon Lacan : il est le « maître de la vérité » dans une histoire où tout le monde se fait rouler par une lettre qui brille par son absence. Car, tout au long de ce trajet, personne ne possède la lettre, mais c'est elle qui possède tout le monde. Celui qui se trouve avoir la lettre ne peut plus rien faire, il est « féminisé », dit Lacan, ce qui fait qu'il est automatiquement hors la loi. Et là, on retrouve un grand thème lacanien, celui de la femme hors la loi : telle la reine du texte de Poe, elle est irréductible à la marche de l'ordre – contrairement à l'homme, notoirement plus facile à enrégimenter, à envoyer au casse-pipe par troupeaux entiers, à déguiser en cadre moyen attifé en costume-cravate, etc. La missive qui transforme ceux qui l'ont entre les mains ne se dépêche pas, mais, selon Lacan, « une lettre arrive toujours à destination ». Car sa destination, c'est chacun d'entre nous, qui parlons : cela ne fait pas un pli, nous sommes manipulés par elle, et nous n'y voyons que du feu.

Et enfin : au-delà de son commentaire de *La Lettre volée*, Lacan livre son projet pour la psychanalyse, un projet que l'on pourrait qualifier aujourd'hui en politique de « refondateur ». Si c'était un film, il pourrait s'appeler : *Freud, le retour*. Lacan souhaite en effet un retour à ce qu'il appelle « la lettre de Freud », par opposition à tous les détournements dont l'œuvre du maître viennois a fait l'objet de la part des autres analystes. Et pour cela, Jacques Lacan s'appuie sur la figure idéale du psychanalyste telle que le personnage de Dupin l'incarne : à l'instar de Dupin, le *psy* restitue la lettre, car il en connaît la direction et la destination.

Sources : Poe, *La Lettre volée ;* Lacan, *Les Écrits, « Le Séminaire sur La Lettre volée » ; Le Séminaire II, Le Moi dans la théorie de Freud et dans la technique de la psychanalyse ; Le Séminaire XVIII, D'un discours qui ne serait pas du semblant.*

***Booz endormi*, image du commencement**

On va parler ici d'un vieillard en érection. Oui, cela arrive. Booz est un personnage de la Bible, et Victor Hugo s'en est emparé : son poème *Booz endormi* est un royal hommage à l'élévation d'un vieillard. Celui-ci, bien qu'accablé par les années, fait un enfant à Ruth, sa servante : comme le dit Lacan, on peut lire dans cette histoire une affaire de braguette, mais on peut aussi la nimber de poésie. Plus rien ne peut arriver à Booz, et pourtant, il engendre ; c'est du seuil de la mort qu'il procrée. Il nous suffit de penser à Victor Hugo, à la verdeur de son crépuscule et à son goût prononcé pour les petites bonnes, pour savoir que Booz existe.

Tout cela pour dire quoi ? On y vient. Tout d'abord, il faut expliquer l'une des formules les plus connues de Lacan, « l'inconscient est structuré comme un langage ». Pour revisiter et réorganiser la pensée de Freud, Jacques Lacan s'est appuyé sur la linguistique, tout simplement parce que, pour lui, c'est le langage qui fait advenir l'inconscient. Il a appris du principe mis à l'honneur par le linguiste Saussure (non, il n'avait pas un cheveu sur la langue, c'était vraiment son nom) : séparer les deux axes du langage, la métaphore et la métonymie. L'une et l'autre permettent au signifiant de se balader dans la langue et de la déplier ; la métaphore substitue, elle saute acrobatiquement d'une branche à l'autre du réseau constitué des savoirs et de leurs divisions. La métonymie procède autrement, elle combine, elle opère un déplacement de signification à partir d'une connexion déjà établie. Pour visualiser cela, imaginons Tarzan sautant d'un baobab à un figuier en passant par le mât d'un bateau (métaphore), et se glissant tout au long d'une liane qui mène du tout à la partie (métonymie).

Et Booz ? Il est une métaphore, une image du père. Lacan voit une illustration de ce qu'est un père dans l'image de la faucille d'or, temps fort du poème hugolien : « Quel Dieu, quel moissonneur de l'éternel été – Avait, en s'en allant, négligemment jeté – Cette faucille d'or dans le champ des étoiles. » Le père sépare, il intervient en tiers, il est l'interprète de la loi.

Autrement dit, la paternité va au-delà du biologique, puisque être un père c'est se faire le porte-parole d'une loi édictée ailleurs.

Mais Booz n'est pas qu'un père : il est aussi un Dieu, dès lors le père est toujours en position divine. Lacan montre que c'est manifeste dans une image du poème de Victor Hugo : « Sa gerbe n'était point avare ni haineuse ». Petite analyse de texte : la « gerbe », ici, est à la fois une métaphore (elle remplace le pénis de Booz) et une métonymie (le sexe de Booz est pris à la place de Booz lui-même, la partie remplace le tout). Sans délaisser complètement ces histoires de zizi, élevons le niveau – sans pour autant être « imbitable », c'est le cas de le dire – : Booz est semblable à un créateur divin qui distribue son sperme avec abondance pour engendrer, au point qu'il n'est plus rien d'autre que rayonnante fécondité naturelle. Ce qui est improbable sur le plan biologique est possible dans l'ordre du signifiant, dont la puissance, décidément, ne cesse de nous surprendre.

Où le docteur Lacan désire-t-il en venir, sinon au fait que le père est toujours une métaphore (c'est ce qu'il appelle la « métaphore paternelle ») ? Car le mot « père » vient à la place du terme de « fécondation », il se substitue à lui tout en voulant dire autre chose : le début, l'origine *ex nihilo* de toute chose. La métaphore, le glissement de sens, est l'image même de la création, cette tension entre ce qui est aboli et ce qui vient à la place. Si la « métaphore paternelle » est mise en échec, notre Tarzan (cf. trois paragraphes plus haut) va se perdre dans la jungle du langage, et battre la campagne, quitte à devoir réinventer un jardin à sa mesure.

Le mot de la fin, c'est Booz que l'on imagine au réveil s'écriant : « Métaphore, métaphore, est-ce que j'ai une tête de métaphore ? », paraphrasant ainsi l'actrice Arletty quand elle lance sa réplique célèbre : « Atmosphère, atmosphère, est-ce que j'ai une tête d'atmosphère ? »

Sources : Saussure, *Cours de linguistique générale ;* Lacan, *Les Écrits, « L'instance de la lettre dans l'inconscient ou la raison depuis Freud » ; Le Séminaire III, Les Psychoses ; Le Séminaire V, Les Formations de l'inconscient.*

Hirsch Hyacinthe, le parasite qui fait de l'esprit

« Hirsch Hyacinthe fume du haschich et boit de l'absinthe », aurait pu chanter Serge Gainsbourg, artiste qui adorait jouer avec les mots. C'est que Hirsch Hyacinthe est précisément connu pour ses facéties avec le langage : il a créé un *Witz* (équivalent viennois de *joke*) qui a été rapporté par Freud, devenant ainsi l'un des plus connus de l'histoire de la psychanalyse. Hirsch Hyacinthe (création de Heine, poète et éternel marginal) est un juif de Hambourg sans le sou, un collecteur de loterie en pleine déconfiture. Un peu mendigot, un peu parasite, il tente de raconter à son interlocuteur comment le millionnaire Salomon Rothschild a accueilli avec des pincettes sa demande d'argent.

Son intention est d'annoncer : « il me traitait d'égal à égal, de façon toute familière », mais il formule : « il m'a traité de façon toute *famillionnaire* ». À ce moment, c'est la vérité qui sort, celle de son rapport de dépendance vis-à-vis de l'homme riche, et en même temps de son être de parasite ; il meurt d'envie d'avoir un millionnaire dans sa manche afin d'avoir le bras plus long ! Mais en fait, c'est plutôt le richissime Salomon Rothschild, le « fat-millionnaire », qui possède son solliciteur. Il est vrai que l'on a rarement vu un pauvre disposer d'un riche – sauf dans les films de Losey ou de Pasolini, mais des histoires comme cela, on n'en invente plus beaucoup dans le cinéma d'aujourd'hui.

Le jeu du Millionnaire, promu par la Française des Jeux, nous est tous familier, mais pas le Famillionnaire. Ce nouveau concept sera-t-il retenu par nos publicitaires ? Hirsch, lui aussi, est créatif, davantage que les auteurs des slogans « le thon c'est bon », ou « la force tranquille ». Car Hirsch émet, par son lapsus, un néologisme, c'est-à-dire une signification complètement nouvelle, subversive vis-à-vis de la langue. Un bel exemple contemporain de néologisme, volontaire celui-là, est celui inventé par les trublions de Canal +, qui ont rebaptisé notre beau pays la *Présipauté*. Cela veut dire que la France n'est pas tant régie par un régime démocratique de type présidentiel que par un chef de l'État auquel l'exercice du pouvoir donne le droit de faire tout ce qui lui plaît, à l'instar du roitelet qui gouverne la principauté de Monaco.

Comment se construit le *Witz* de Hirsch ? Jacques Lacan s'y intéresse, et en démonte les éléments. Pour lui, il y a emboutissage entre deux signifiants, produisant une combinaison non prévue par le code de langue. Ce circuit « de contrebande » rencontre, à la faveur de la ressemblance partielle entre *familière* et *millionnaire*, le code normal. Ce que Hirsch désire, c'est que Salomon l'aide, son désir inconscient est qu'il devienne « son millionnaire ». Il produit un mot d'esprit parce qu'il demande, et finalement nul n'est jamais satisfait dans sa demande, qui est toujours bien en deçà du désir qu'elle ne recouvre jamais. Le désir achoppe, la langue nous échappe et le hors-sens toujours gît sous le sens. Son mot d'esprit fait rire, parce que grâce à lui quelque chose de refoulé a pu être dit. Encore faut-il qu'il y ait quelqu'un pour l'entendre, sinon cela n'est pas un mot d'esprit – puisque vous êtes là pour le lire, cela prouve, s'il était besoin, que Hirsch a créé un mot d'esprit increvable.

Et alors : le mariage de la carpe et du lapon n'est pas toujours stérile, puisque mélanger des mots qui n'ont rien à voir peut accoucher de quelque chose de nouveau…

Sources : Freud, *Le Mot d'esprit et sa relation à l'inconscient ;* Lacan, *Le Séminaire V, Les Formations de l'inconscient.*

André Gide, l'épistolier qui joue avec le feu

De la langue on tire plaisir, puisque l'on peut au choix : dire du mal des autres ; lécher des sucettes ; fumer des substances illicites. Plus intellectuel, André Gide écrivait des lettres. Il est l'écrivain sulfureux que l'on connaît, qui n'a cessé de parler de lui dans son œuvre, un « égotiste » comme on dit quand on veut faire intelligent. Lacan commente Gide à la suite du psychiatre Jean Delay, qui a consacré à l'écrivain une « psychobiographie », à savoir un travail qui explique l'œuvre de l'écrivain par sa vie. Jacques Lacan n'est pas d'accord : on ne psychanalyse pas une œuvre – Quelle idée ! – et on n'explique pas un livre par la vie de celui ou de celle qui l'a écrit. Ce n'est pas parce que Marguerite Duras, la Joconde du « forcément sublime », était portée sur la dive bouteille qu'elle écrivait des livres !

Pour Lacan, qui aime les retournements de situation, au contraire c'est l'œuvre d'un artiste qui explique sa vie. Autre retournement : le *psy* n'a pas à pérorer sur le travail de l'artiste. Tais-toi, ordonne Lacan, et apprends, car le créateur en sait plus long : sur le beau, sur le verbe et sur beaucoup d'autres choses encore. L'artiste marche devant, en éclaireur, et le *psy* suit.

Qu'est-ce qui intéresse le docteur Lacan chez Gide lu par Delay ? Une histoire de lettres brûlées. Parce qu'il faut prendre le désir *à la lettre* : il n'est qu'une lettre, souvent cachetée, qui circule et parfois se consume. Voici ce qui est arrivé à l'écrivain : il était marié à sa cousine, Madeleine, à laquelle il vouait un amour idéal, mais sans désir, parce que sur le plan sexuel, il préférait les jeunes garçons. Il les enfilait comme des perles sur les dunes marocaines – à l'époque, le tourisme sexuel n'était pas encore banni par le politiquement correct. À sa femme Madeleine, que Gide aimait malgré tout, il envoyait des lettres, de fort belles lettres, nombreuses, qui compensaient le rapport sexuel qui n'a jamais eu lieu entre eux. L'écrivain les considérait comme partie intégrante de son œuvre.

Un jour, Madeleine, « fumasse » (on peut le dire) d'être seule au lit, met le feu aux lettres. Le torchon brûle ! Comme il n'existait pas de double des missives, l'écrivain est inconsolable de l'absence créée par l'acte de sa femme. Par là, celle-ci s'affirme, « une vraie femme », dit Lacan. Qu'est-ce qu'une vraie femme ? C'est celle qui est capable de sacrifier ce qu'elle a de plus précieux (elle aussi, elle y tient, à ces damnées lettres) pour creuser un vide dans l'autre, son mari. Madeleine se dit : « Tu vas me le payer, et peu importe si je dois souffrir moi aussi ». Sur un autre plan, Médée, qui tue ses enfants, était aussi une « vraie femme », mais des vraies femmes, il n'y a pas que dans la tragédie ou la littérature que l'on en trouve, il y en a aussi dans les faits divers.

Le divorce du cinéaste Woody Allen et de l'actrice Mia Farrow en est un bel exemple. Qu'est-ce qui a mis le feu aux poudres ? Woody Allen a été surpris au lit avec sa belle-fille, trente-cinq ans de moins que lui, adoptée par sa femme. Quand Mia l'apprend, cela chauffe, elle étale leur intimité dans les journaux, exige des sommes colossales par un procès fracassant et ruine toute la vie qu'elle avait construite avec le metteur en scène. (Parenthèse à brûle-pourpoint : trente ans sur un divan de psychanalyste pour en arriver là, Woody, il n'y a vraiment pas de quoi être fier…)

Mais revenons à Gide ; cette affaire de lettres n'est pas qu'un feu de paille dans sa vie. Il continue à écrire, et à force, il se consume ! Il est déjà mort, par l'écriture il entre dans la postérité, et en même temps la postérité accouche de lui comme l'écrivain André Gide. Autrement dit, embrasé par l'écriture, il a laissé sa personne au vestiaire. Lacan tisse ici ensemble le désir, l'écriture et la mort et, quand Lacan coud, il faut se piquer de sérieux. Fumeux ? Pas tant que cela. L'immortalité, on peut y entrer vivant : c'est ce qui est arrivé à de grands hommes comme Victor Hugo ou Louis Pasteur, statufiés tout vifs sous le poids de leur nom et de leur œuvre.

Morale de l'histoire d'André Gide et de Madeleine : conclure un mariage blanc, c'est vraiment jouer avec le feu !

Sources : Delay, *La Jeunesse d'André Gide ;* Lacan, *Les Écrits, «Jeunesse de Gide ou la lettre et le désir» ; Le Séminaire V, Les Formations de l'inconscient.*

James Joyce, l'écrivain qui jouit de la langue

Joyce l'écrivain jouissait de la langue. Il était «jouasse» en écrivant : qu'il se récréât, déridât, et amusât autant en élaborant des livres complètement hermétiques au lecteur de base nous laisse pantois. Les mots s'emboîtent, se télescopent, le sens (le signifié) en prend pour son grade, puisque l'écrivain lui signifie sous forme d'oukase qu'il peut circuler. Et c'est ce qu'il fait, des ouvrages comme *Ulysse* ou *Finnegans wake* déployant une signification complètement ouverte, pouvant se lire d'une infinité de façons différentes. Joyce, effectuant au XXe siècle un casse dans la banque de la langue, recréant un monde à part entière, était sûr d'occuper les universitaires pendant 300 ans – le plus étonnant, c'est que tout porte à croire aujourd'hui que sa prédiction était exacte. Mais il est vrai aussi que souvent l'universitaire, sans vouloir lui faire injure, cherche de l'ouvrage pour les six mois par an où il travaille !

En fait, par l'écriture, en malmenant et en réinventant l'anglais, le damné Irlandais révolutionne la langue. On comprend dans ces conditions que Joyce ait pu fasciner Lacan, qui le regardait peut-être comme un lointain et prestigieux cousin. Le psychanalyste lui consacre vers la fin de son enseignement (au milieu des années 1970) ce que lui-même a appelé une « enquête ». Celle-ci prend la forme de quelque chose de complètement en dehors du discours universitaire, d'échevelé, de créatif – en fait, cela ne ressemble à rien de connu, et c'est probablement le plus bel hommage que l'on puisse rendre. Son commentaire de l'écrivain est aussi inclassable que les livres de Joyce : est-ce une réponse du berger à la bergère ? De toutes façons, Lacan et Joyce forment un sacré duo.

Que dit Jacques Lacan ? Que par son art, Joyce « supplée la carence paternelle », puisque son désir d'être artiste vient compenser le fait que son père n'a jamais été un père pour lui. Quelque chose du père ne s'est pas inscrit, la place de Joyce dans son arbre généalogique n'est pas claire : il refuse d'être le fils de son père, il s'engendre lui-même. Il dit vouloir « façonner dans la forge de son âme la conscience incréée de sa race ». C'est pour cela que Joyce fait tout pour rendre son nom illustre. Comment ? Il écrit. Chez Joyce, si les trois instances du réel, du symbolique et de l'imaginaire ne sont pas très bien nouées ensemble, il y a quand même quelque chose qui fait tenir la structure : c'est son écriture (que Lacan appelle son « sinthome »). Elle lui évite d'être fou. Autrement dit, Joyce est le fils de ses œuvres, et l'art lui fait office de père.

Joyce a réussi par l'écriture à se bricoler quelque chose qui lui permette de se diriger dans la vie en intéressant les autres. Analysants de tous les divans, imitons-le !

Sources : Joyce, *Finnegans wake ; Ulysse ;* Lacan, *Autres Écrits, « Joyce le Symptôme ».*

Conclusion

Puisque les mots sont des grenades, dégoupillons-les !

Maintenant que nous vous avons montré les instantanés qui figurent dans notre album *Lacan*, il ne vous reste plus qu'à aller jeter un œil par vous-même, et à prendre vos propres images – qui seront, forcément, différentes. « Il n'y a pas photo », elles seront un peu floues, et c'est ce que voulait Jacques Lacan. Répétons-le : si son enseignement est difficile à comprendre, et si par-dessus le marché il n'a cessé de faire évoluer le sens des termes qu'il utilise, c'est pour maintenir ses lecteurs en position d'apprentissage, de questionnement, voire de désir.

Car pour les psychanalystes, rien de pire que les théories qui expliquent tout, et en même temps qui ferment tout. Rien de plus grave que les identifications massives. Être un psychanalyste, c'est savoir que l'on n'en est jamais vraiment un ! Pour ce Juif de la psychanalyse qu'est Lacan, il ne suffisait pas d'être conforme à une orthodoxie, de respecter les rites, d'avoir reçu l'estampille d'un groupe. Être psychanalyste, c'est une question, et elle doit demeurer sans réponse ; dans ces conditions, « L'Analyste » n'existe pas (pas plus que « La Femme ») ! Lacan rêvait que chaque praticien de l'inconscient réinvente la psychanalyse (au moins avec chacun de ses analysants), mais cela, c'est peut-être beaucoup demander.

En fait, à cause de sa portée de vérité, la psychanalyse n'est le monopole de personne, et on peut parier qu'elle continuera à écrire son histoire par lignes courbes, en partie hors des orthodoxies et des systèmes de pensée rigides. Celui ou celle qui la revivifie, c'est l'analysant, parce que, cherchant sa vérité, il actualise la psychanalyse à chaque séance. L'objet précieux du dispositif, c'est lui !

Pour celui qui est en analyse, la pensée de Jacques Lacan est une leçon de liberté. La psychanalyse n'est en aucun cas l'instrument de son adaptation à la société. Elle lui apprend qu'il ne saurait être un objet pour quiconque, et certainement pas pour le capitalisme qui tente de l'enchaîner au service des biens. Elle lui apprend que la seule chose qui vaille, c'est son désir à lui, désir « anesthésié, endormi par les moralistes, domestiqué par les éducateurs, trahi par les académies », dénonce Lacan. Elle lui apprend, enfin, que le « sens » de la vie consiste à chercher sa propre voie, unique et singulière.

Caramba ! Et si les luttes d'aujourd'hui n'étaient plus seulement des luttes contre les dominations politiques, contre des exploitations économiques, mais aussi des luttes contre les assujettissements identitaires ? Pour nous, qui ne croyons plus à la révolution ou aux lendemains qui chantent, cette curieuse initiation, ou cette curieuse science, inventée au XIXe siècle à Vienne par un improbable mais génial fumeur de cigares, est peut-être le dernier acte politique.

Grâce à elle, le singulier peut écraser l'universel, à condition toutefois que cette pratique sans assignation sociale précise reste un scandale salutaire. Faut-il le rappeler, pendant longtemps les Églises et la plupart des États dits « forts » ont maintenu l'interdit sur le mouvement psychanalytique : non sans raison, car il est clair que la psychanalyse tend à ruiner la fiction de tout discours unifiant et totalisant. Psychanalyser, rappelle Serge Leclaire, qui a été le premier *psy* lacanien, « veut dire dé-lier, rompre le charme létal de la relation incestueuse, des positions narcissiques dominantes, de la fascination de l'un, du sujet-maître ».

Bref, mort à la « colle » et à l'ignorance : lourd programme !

Chrono-biographie de Jacques Lacan

13 avril 1901 : naissance à Paris dans une famille catholique ; il a une sœur et un frère, qui entrera dans les ordres.

1927-1931 : formation psychiatrique avec Henri Claude et, surtout, avec Gaëtan de Clérambault, qu'il considère comme son seul maître en psychiatrie. Rencontre Pierre Mâle et Henri Ey.

1932 : publication de sa thèse de médecine *La Psychose paranoïaque dans ses rapports avec la personnalité*, appréciée par les surréalistes.

1933-1934 : nommé médecin des hôpitaux psychiatriques. Article sur le crime des sœurs Papin dans la revue *Le Minotaure*. Fréquente le séminaire d'Alexandre Kojève.

1934 : élection comme membre à la Société psychanalytique de Paris (SPP). Début de son analyse avec Rudolph Loewenstein, qui prendra fin en 1939. Mariage avec Marie-Louise Blondin, avec laquelle il aura trois enfants.

1936 : au Congrès international de psychanalyse à Marienbad, Lacan présente « Le stade du miroir ». Rencontre Françoise

Marette, qui deviendra son amie sous le nom de Françoise Dolto.

1938 : Lacan a rédigé le texte « La Famille », qui est publié dans *L'Encyclopédie française*.

1939-1943 : Lacan est mobilisé au Val-de-Grâce ; il s'installe au 5, rue de Lille, adresse parisienne où il vivra jusqu'à sa mort. Ne participe ni à la Résistance, ni à la collaboration.

1941 : Lacan a une fille avec celle qui sera sa seconde épouse, Sylvia Maklès, actrice et ex-femme de l'écrivain Georges Bataille, dont il est l'ami.

1944-1950 : rencontre les écrivains Sartre et Beauvoir, l'anthropologue Claude Lévi-Strauss, le linguiste Roman Jakobson.

1953 : Lacan ne se plie pas aux règles de la Société psychanalytique de Paris. Scission de la SPP et création de la Société française de psychanalyse (SFP) Celle-ci pourra-t-elle adhérer à la toute-puissante Association Internationale de Psychanalyse ? Le suspense dure quelques années. Toujours en 1953, Lacan écrit « Fonction et champ de la parole et du langage en psychanalyse », rapport qui met en place une véritable théorie de la cure.

1953-1954 et 1954-1955 : premiers séminaires à l'hôpital Sainte-Anne de Paris, l'un consacré aux « Écrits techniques de Freud », l'autre au « Moi dans la théorie de Freud et dans la technique de la psychanalyse ».

1955-1957 : des années extrêmement fécondes avec, notamment, le séminaire sur « La Lettre volée » ; la conférence « La chose freudienne ou le sens d'un retour à Freud », qui fixe l'horizon de son enseignement ; le texte « Variantes de la cure-type », à la demande de Henri Ey, qui dirige la section « psychiatrie » de l'*Encyclopédie médico-chirurgicale*. En 1955, il rencontre le philosophe Heidegger.

1960-1961 : commentaire du *Banquet*, de Platon (le Séminaire VIII, « Le Transfert »).

1963 : rupture avec la SFP. Le Séminaire est expulsé de Sainte-Anne et accueilli par le philosophe Louis Althusser à l'École normale supérieure. Texte « Kant avec Sade ».

1964 : Lacan fonde l'École freudienne de Paris (EFP), qui se place en marge de la toute-puissante Association Internationale de Psychanalyse, dont il a été exclu. Il élabore le concept de « l'objet *a* », cause du désir.

1966 : édition des *Écrits*, livre qui devient très vite un *best-seller* faisant rayonner l'enseignement de Lacan hors du cercle dans lequel il était jusque-là connu.

Mai 1968 : Lacan observe avec intérêt les événements, mais n'y prend pas part. À un gauchiste venu solliciter une aide financière, il aurait répondu : « La révolution, c'est moi ».

1969 : à la faculté de Vincennes est créé un département de psychanalyse dirigé par Serge Leclaire. Il est le premier de France à porter ce nom. Le Séminaire est expulsé de l'École normale supérieure, et continue à la Faculté de droit du Panthéon.

Début des années 1970 : invention du « mathème » et du « nœud borroméen » (ce dernier est un nœud caractérisé par le fait que la coupure d'un des ronds libère les deux autres), qui sont deux tentatives de formalisation de l'inconscient, l'un par l'écriture, l'autre par la représentation.

1975-1976 : publication d'un premier volume du Séminaire ; Lacan commente James Joyce.

1980-1981 : dissolution de l'École freudienne de Paris ; fondation de l'École de la Cause freudienne (ECF).

9 septembre 1981 : mort de Lacan.

Bibliographie

Freud

– *L'Interprétation des rêves*, PUF, 1967.

– *Psychopathologie de la vie quotidienne*, Gallimard, 1997.

– *Le Mot d'esprit et sa relation à l'inconscient*, Gallimard, 1988.

– *Trois essais sur la théorie de la sexualité*, Gallimard, 1981.

– *Totem et tabou*, Gallimard, 1993.

– *Cinq psychanalyses*, PUF, 1967.

– *La Technique psychanalytique*, PUF, 1989.

– *Malaise dans la civilisation*, PUF, 1992.

– *L'Avenir d'une illusion*, PUF, 1995.

– *Psychologie des foules et analyse du moi*, et *Au-delà du principe de plaisir*, in Essais de psychanalyse, Payot, 2001.

– *L'Homme Moïse et la religion monothéiste*, Gallimard, 1986.

– *Abrégé de psychanalyse*, PUF, 1975.

– *Névrose, psychose et perversion*, PUF, 1981.

– *La Vie sexuelle*, PUF, 1977.

– *Résultats, idées, problèmes,* volume I, PUF, 1998.

Autres auteurs

John Austin, *Quand dire c'est faire*, Seuil, 1991.

Jurgis Baltrusaitis, *Anamorphoses*, Flammarion, 1984.

Georges Buffon, *Discours sur le style*, Climats, 1992.

Paul Claudel, la trilogie des Coûfontaines : *L'Otage*, Gallimard, 1972 ; *Le Pain dur*, Belles Lettres, 1975 ; *Le Père humilié*, Gallimard, 1965.

Jean Delay, *La Jeunesse d'André Gide*, 2 volumes, Gallimard, 1956.

Descartes, *Discours de la méthode*, Nathan, 1981.

David Hume, *Enquête sur l'entendement humain*, Librairie Générale Française, 1999.

James Joyce, *Ulysse*, Gallimard, 1996 ; *Finnegans wake*, Gallimard, 1970.

Emmanuel Kant, *Fondements de la Métaphysique des mœurs*, in Œuvres philosophiques II, Gallimard, La Pléiade, 1985.

Alexandre Kojève, *Introduction à la lecture de Hegel*, Gallimard, 1947.

Alexandre Koyré, *Du Monde clos à l'univers fini*, Gallimard, 1973.

Ernst Kris, « Ego psychology and interpretation », *Psychoanalytic Quarterly*, volume XX, n° 1, janvier 1951.

Claude Lévi-Strauss, *Les Structures élémentaires de la parenté,* Mouton, 1967.

Maurice Merleau-Ponty, *Le Visible et l'invisible*, Gallimard, 1979.

Molière, *L'École des femmes*, Gallimard, 2000; *Dom Juan*, Klincksieck, 1993.

Platon, *Le Banquet*, Les Belles Lettres, 1976.

Edgar Poe, *La Lettre volée*, Mille et une nuits, 1995.

Raymond Roussel, *Comment j'ai écrit certains de mes livres*, Gallimard, 1995.

Sade, *La Philosophie dans le boudoir*, in Œuvres complètes, Pauvert, 1986.

Ferdinand de Saussure, *Cours de linguistique générale*, Payot, 1983.

Daniel Paul Schreber, *Mémoires d'un névropathe*, Seuil, 1975.

Shakespeare, *Hamlet*, Librio, 2001.

Sophocle, *Œdipe roi*, Librio, 2001; *Œdipe à Colone*, Écritures Théâtrales, 1989; *Antigone*, Hermann, 1999.

Tchoang tseu, *Le Rêve du papillon*, Albin Michel, 1994.

Jacques Lacan

Textes en forme de livres

– *Écrits*, Seuil, 1966, qui contient notamment: « Le séminaire sur "La lettre volée" » (1957); « Propos sur la causalité psychique » (1946); « Le stade du miroir » (1949); « Fonction et champ de la parole et du langage en psychanalyse » (1953); « Réponse au commentaire de Jean Hyppolite » (1954); « Variantes de la cure-type » (1955); « L'instance de la lettre dans l'inconscient ou la raison depuis Freud » (1957); « La signification du phallus » (1958); « Propos directifs pour un Congrès sur la sexualité féminine »

(1958) ; « D'une question préliminaire à tout traitement possible de la psychose » (1959) ; « Jeunesse de Gide ou la lettre et le désir » (1958) ; « Kant avec Sade » (1963) ; « La science et la vérité » (1966).

– *Autres Écrits*, Seuil, 2001, qui contient notamment : « La psychiatrie anglaise et la guerre » (1947) ; « Proposition du 9 octobre 1967 sur le psychanalyste de l'École » ; « L'Étourdit » (1973) ; « Télévision » (1974) ; « Joyce le Symptôme » (1979).

– *De la psychose paranoïaque dans ses rapports avec la personnalité*, Seuil, 1975.

Textes en forme de séminaires[8]
(transcriptions établies par Jacques-Alain Miller, gendre de Lacan)

– Le Séminaire I, *Les Écrits techniques de Freud* (1953-1954), Seuil, 1975.

– Le Séminaire II, *Le Moi dans la théorie de Freud et dans la technique de la psychanalyse* (1954-1955), Seuil, 1978.

– Le Séminaire III, *Les Psychoses* (1955-1956), Seuil, 1981.

– Le Séminaire IV, *La Relation d'objet* (1956-1957), Seuil, 1994.

– Le Séminaire V, *Les Formations de l'inconscient* (1957-1958), Seuil, 1998.

[8] On peut se procurer la sténotypie ou l'établissement des séminaires inédits auprès de certaines associations de psychanalyse et dans quelques librairies à Paris ; plus de vingt ans après la mort de Lacan, nombre d'entre eux ne sont malheureusement toujours pas édités.

– Le Séminaire VI, *Le Désir et son interprétation* (1958-1959), non publié.

– Le Séminaire VII, *L'Éthique de la psychanalyse* (1959-1960), Seuil, 1986.

– Le Séminaire VIII, *Le Transfert* (1960-1961), Seuil, 1991.

– Le Séminaire IX, *L'Identification* (1961-1962), non publié.

– Le Séminaire X, *L'Angoisse* (1962-1963), non publié.

– Le Séminaire XI, *Les Quatre Concepts fondamentaux de la psychanalyse* (1964), Seuil, 1973.

– Le Séminaire XII, *Problèmes cruciaux pour la psychanalyse* (1964-1965), non publié.

– Le Séminaire XIII, *L'Objet de la psychanalyse* (1965-1966), non publié.

– Le Séminaire XIV, *La Logique du fantasme* (1966-1967), non publié.

– Le Séminaire XV, *L'Acte psychanalytique* (1967-1968), non publié.

– Le Séminaire XVI, *D'un Autre à l'autre* (1968-1969), non publié.

– Le Séminaire XVII, *L'Envers de la psychanalyse* (1969-1970), Seuil, 1991.

– Le Séminaire XVIII, *D'un discours qui ne serait pas du semblant* (1971), non publié.

– Le Séminaire XIX, … *Ou pire* (1971-1972), non publié.

– Le Séminaire XX, *Encore* (1972-1973), Seuil, 1975.

– Le Séminaire XXI, *Les Non-dupes errent* (1974-1975), non publié.

– Le Séminaire XXII, *RSI* (1974-1975), non publié.

– Le Séminaire XXIII, *Le Sinthome* (1975-1976), non publié.

– Le Séminaire XXIV, *L'Insu que sait de l'une bévue s'aile à mourre* (1976-1977), non publié.

– Le Séminaire XXV, *Le Moment de conclure* (1977-1978), non publié.

– Le Séminaire XXVI, *La Topologie et le temps* (1978-1979), non publié.

– Le Séminaire XXVII, *Dissolution* (1980), non publié.

Davantage sur Lacan

Sur Lacan lui-même: un témoignage de Pierre Rey, *Une Saison chez Lacan*, Robert Laffont, 1989; une biographie d'Élisabeth Roudinesco, *Jacques Lacan*, Fayard, 1993; un itinéraire intellectuel par Érik Porge, *Jacques Lacan, un psychanalyste, parcours d'un système de pensée*, Érès, 2000.

Pour débuter: Joël Dor, *Introduction à la lecture de Lacan*, volume 1, L'Inconscient structuré comme un langage, Denoël, 1985; Dylan Evans, *An Introductory Dictionary of Lacanian Psychonanalysis*, Routledge, Londres, 1996.

Sur la psychanalyse: des entretiens avec Jean Laplanche et d'autres analystes rassemblés dans *Cent ans après*, Gallimard, 1998; les écrits de Serge Leclaire, le « premier » lacanien, qui su rester fidèle au maître tout en conservant sa liberté d'esprit: *Psychanalyser*, Seuil, 1975, ainsi que

Écrits pour la psychanalyse (deux volumes), Seuil-Arcanes, 1996-1998, et *Rompre les charmes*, Seuil, 1999.

Pour essayer de comprendre: les séminaires (hélas non publiés) d'Éric Laurent (notamment: *Le Transfert*, 1991-1992, *L'Autre qui n'existe pas et ses comités d'éthique*, de concert avec Jacques-Alain Miller, 1996-1997, prononcés dans le cadre de la section clinique du département de Psychanalyse de Paris VIII), de Jacques-Alain Miller (avec par exemple: *Du Symptôme au fantasme*, 1982-1983, *Sur les Divins détails*, 1989-1990, effectués dans le cadre du Séminaire L'Orientation lacanienne de Paris VIII), de Geneviève Morel (entre autres: *Œdipe aujourd'hui*, 1996, *Œdipe, la famille contemporaine et la science*, 1997, tenus dans le contexte de l'Association de la Cause freudienne de Lille), et de Colette Soler (on peut citer *La Malédiction sur le sexe*, 1996-1997, ou encore *La Politique de l'acte*, 1999-2000, prononcés dans le cadre de la section clinique du département de Psychanalyse de Paris VIII, puis au Collège clinique de Paris).

Table des matières

transcontinental
IMPRESSION
IMPRIMERIE GAGNÉ